한국생활사박물관
08

— 격동과 변화의 땅에서 —

고 려 생 활 관 2

LIVING IN KORYO - LAND OF TURBULENCE

사계절

한국생활사박물관 편찬위원회

편집인	강응천
연구 · 편집	김영미
기획	(주)사계절출판사
집필	홍영의 (고려실·특강실 2)
	강응천 (야외전시)
	송은석 (특별전시실)
	최연식 (가상체험실)
	이익주 (특강실 1)
	김영미 (국제실)

아트디렉터	김영철
편집디자인	백창훈 · 이정민
일러스트레이션 디렉터	곽영권
일러스트레이션	김은정 · 김경진 · 백남원
	이수진 · 이승민 · 이은홍
사진	정주하 · 지중근
전시관 디자인	김도희

제작	박흥기
교정	이경옥 · 김장성

내용 감수	박종기 (국민대 교수 · 고려사)
기획 감수	최준식 (이화여대 교수 · 종교학)
	오주석 (1956~2005, 전 연세대 겸임교수 · 미술사)
	김봉렬 (한국예술종합학교 교수 · 건축학)
	김소현 (배화여대 교수 · 복식사)
	주영하 (한국학중앙연구원 · 민속학)

일 러 두 기

1. 역사적 사실이나 개연성에 대한 고증과 평가는 학계의
   통설을 기준으로 삼았다.
2. 지명과 인명의 표기는 가급적 중·고등학교 교과서를 따랐다.
3. 외래어 표기는 현지 표기를 존중하는 문화관광부 제정
   '외래어 표기법'과 중·고등학교 교과서를 따랐다.
4. 한자의 사용은 되도록 피하되 꼭 필요한 경우에는 ( ) 안에 넣었다.
5. 생활사의 성격상 곳에 따라 역사적 개연성을 벗어나지 않는
   범위 안에서 가상 인물이나 가상 이야기를 첨가했다.

『한국생활사박물관』 8권 「고려생활관 2」를 펴내며

전쟁은 생활을 파괴한다. 전쟁이 나면 사람들은 일상생활의 터전을 버리고 전쟁터나 피난지로 떠난다. 하물며 인류 역사상 가장 강력하고 거대했던 몽골 제국과의 전쟁임에랴. 화려한 중세 문화를 꽃피우고 있던 고려 상류층은 번듯한 황도(皇都) 개경을 떠나 작은 섬 강화도로 달아났고, 농민은 논밭을 버리고 성안으로 들어갔다.

그러나 전쟁 속에서도 생활은 이어진다. 피난지 강화도에서는 철벽 방어망과 함께 도성 건설과 간척 사업이 진행되면서 새로운 일상이 전개되었고, 전쟁터에서도 남자들은 성을 쌓고 여자들은 밥을 지었으며, 삶과 죽음이 뒤엉켜 있는 그 시간 속에서도 새 생명은 태어났다.

전쟁은 모든 것을 휩쓸고 모든 것을 바꾸어 놓을 것 같지만, 어떤 전쟁도 한 사회가 걸어가고 있던 길을 통째로 지워 없애거나 끊어 놓지는 못한다. 30년 넘게 몽골 군과 벌인 지긋지긋한 전쟁도, 그리고 그 전쟁이 끝난 뒤로 100년이나 이어진 몽골의 간섭도, 고려 사회 내부에서 진행되고 있던 변화의 흐름을 바꾸어 놓지 못했다. 밑바닥 민중으로부터 시작된 변화의 움직임은 130년의 잠복기를 거쳐 오히려 더욱 빨라지기 시작했다. 거대한 적과 맞서 싸우면서 생긴 고려인의 자존 의식은 그러한 변화에 대한 능동적 대응으로 이어졌고, 새로운 학문인 성리학으로 무장한 신흥사대부가 그러한 대응의 주체로 떠올랐다.

그리하여 어떤 변화가 일어났던가? 불교를 중심으로 다양하면서도 다소 방만한 모습으로 펼쳐지던 고려인의 생활이, 타협을 모르는 성리학자의 주도 아래 다소 경직되어 보이지만 일사불란한 생활로 바뀌기 시작했다. 사람들의 사고방식과 생활 태도를 통째로 바꾸는 방향으로 움직이던, 우리 전통 시대 생활사에서 일어난 가장 극적인 변화의 하나를 '야외전시'를 비롯한 이 책 전체에서 확인할 수 있을 것이다.

'고려실'에서는 처참한 전쟁의 시기를 힘겹지만 굳세게 헤쳐 나가던 고려인, 거대한 외세의 간섭을 받으면서 자신을 재발견해 나가던 고려인, 변화의 바람에 대응하면서 새로운 사회로 나아가던 고려인의 삶을 만날 수 있다.

'특별전시실'에서는 격동과 변화의 시대를 살던 고려인이 마음속으로 그리던 불교의 이상향이 화려한 색채와 더불어 펼쳐지는 고려 불화, 그 꿈 같은 세계로 여행을 떠난다. 또 '가상체험실'에서는 깊은 신앙심과 높은 문화 역량, 최고의 인쇄 기술이 어우러져 빚어 낸 신비의 문화 유산, 팔만대장경이 만들어지는 전 과정을 체험한다.

한편 '특강실'에서는 몽골 세계 제국 체제에서 고려가 차지했던 지위를 살펴보고, 고려 사회가 요구한 개혁 과제를 고려인이 어떻게 풀어 나갔는지 알아보는 흥미로운 강의가 펼쳐진다. '국제실'에서는 세계 인쇄 문화의 역사를 살펴보면서, 세계에서 가장 먼저 금속활자를 발명하고 팔만대장경을 창조한 고려 인쇄술의 자존심을 다시 한 번 되새긴다.

박물관은 옛날의 것, 이미 죽은 것을 전시하는 곳이다. 하지만 박물관이 전시하는 '옛날'은 살아 있어야 한다. 우리는 박물관의 차가운 유리 뒤에서 박제된 주검의 모습을 하고 있는 유물들을 바라보며 생각했다. 문익점이 붓 뚜껑에 숨겨 들여오던 목화씨가, 몽골 제국 역참로를 오가던 고려인의 손에 들려 있던 휴대용 몽골 어 교본이 당시 사람들에 의해 실제로 사용되는 모습을 볼 수 있다면, 옛사람의 총체적인 생활상을 한 편의 영화처럼 생생하게 들여다볼 수 있다면…….

바로 그런 문제 의식에서 기획된 '책 속의 박물관' 『한국생활사박물관』이 이제 여덟째 권을 내게 되었다. 이 한 권의 책에 실린 800매의 원고와 20여 점의 컬러 그림, 100여 컷의 컬러 사진이 고려와 고려인에게 올바른 평가를 안겨 주기를 바란다. 우리가 선사 시대부터 현대에 이르는 우리 민족의 생활사를 오롯이 복원해 낼 때까지 독자 여러분의 따뜻한 격려와 호된 질책을 함께 기다린다.

2003년 1월 한국생활사박물관 편찬위원회

고려생활관안내

8
야외전시
OPENING EXHIBITION

「고려생활관 2」의 도입부. 고려는 13~14세기의 격동과 변화를 맞을 때까지 불교를 중심으로 한 다원 사회였다. 그러나 그러한 격동과 변화의 비바람이 몰아친 다음 우리 앞에 모습을 드러낸 고려 사회는 이전과는 전혀 다른 모습을 하고 있었다. 그것은 어떤 모습이었을까?

22
고려실
LIFE IN KORYO

안으로는 급격한 사회 변동, 밖으로는 겪어 보지 못한 강한 외세의 도전으로 거세게 출렁거리던 13~14세기. 처참한 전쟁의 시기를 힘겹지만 굳세게 헤쳐 나가던 고려인, 거대한 외세의 간섭을 받으면서 자신을 재발견해 나가던 고려인, 변화의 바람에 대응하면서 새로운 사회로 나아가던 고려인의 삶을 만난다.

62
특별전시실
SPECIAL EXHIBITION

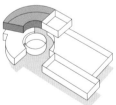

청자를 만든 고려인의 미의식은 불화에서도 유감없이 발휘되고 있다. 아름다운 동세, 섬세하고 정교한 기법, 우아하고 화려한 색채. 고려 불화 앞에 서서 극찬을 아낄 사람이 있을까? 우리가 만든 세계 최고의 미술품 중 하나이면서도 대부분 일본에 있어서 감상할 기회가 드물었던 고려 불화. 그 꿈의 세계로 들어간다.

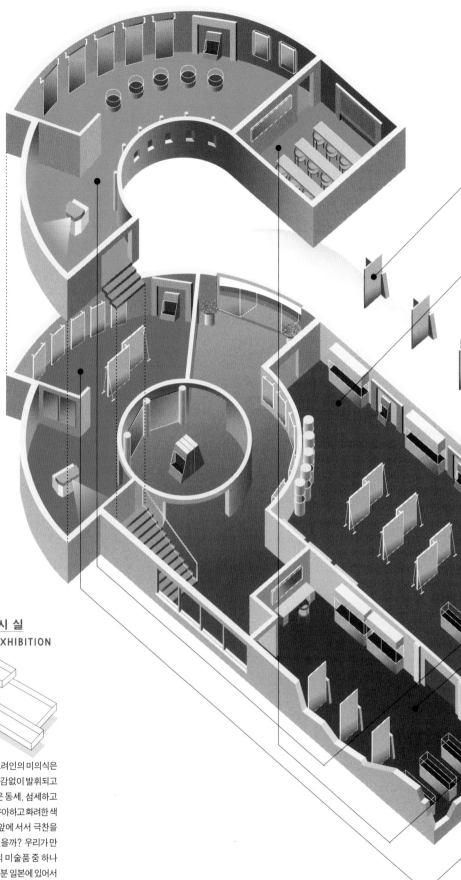

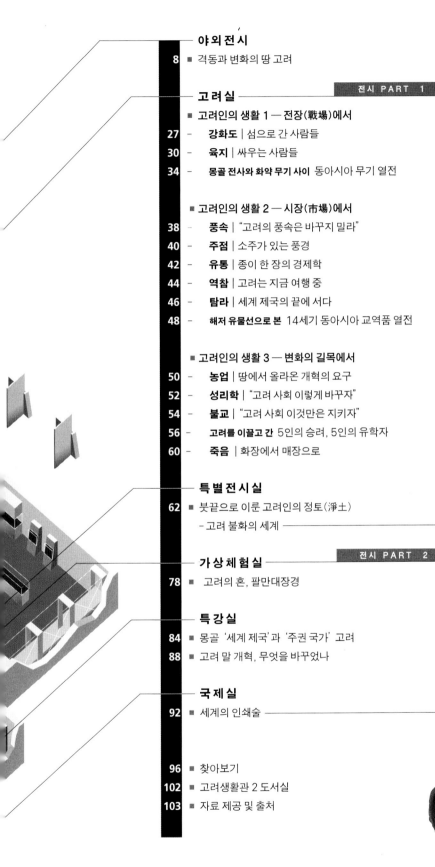

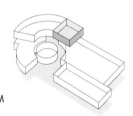

78
가상체험실
SIMULATION ROOM

깊은 신앙심과 문화 역량, 최고의 인쇄기술이 어우러져 빚어낸 신비의 문화 유산, 팔만대장경. 그 민족의 보배가 만들어지는 과정을 생생하게 체험한다.

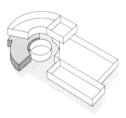

84
특강실
LECTURE ROOM

몽골 세계 제국 체제에서 고려가 차지했던 독특한 지위를 살펴보고, 고려 사회가 요구한 개혁의 과제를 고려인 스스로 어떻게 풀어 나갔는지 알아보는 흥미로운 강의가 펼쳐진다.

92
국제실
INTERNATIONAL
EXHIBITION

세계 인쇄 문화의 역사를 살펴보면서, 세계에서 가장 먼저 금속 활자를 발명하고 팔만대장경을 창조한 고려 인쇄술의 자존심을 다시 한 번 되새긴다.

34 ■ 동아시아 무기 열전

고 려 생 활 관   2

야외전시 OPENING EXHIBITION

이곳은 『고려생활관 2』의 도입부입니다. 고려는 13~14세기의 격동과 변화를 맞을 때까지 불교를 중심으로 한 다원 사회였습니다. 그러나 격동과 변화의 비바람이 몰아친 다음 우리 앞에 모습을 드러낸 고려 사회는 이전과는 다른 모습을 하고 있었습니다. 그 새로운 모습은 30년 넘게 몽골 군과 벌인 지긋지긋한 전쟁이나, 그 전쟁이 끝난 뒤로 100년이나 이어진 몽골의 간섭이 초래한 결과는 아니었습니다. 다양하고 개방적이던 사회가 성리학을 중심으로 한 일사불란한 체제로 바뀌어 가던 그 모습은, 13세기 이전부터 고려 사회 내부에서 진행되고 있던 변화의 흐름에 고려인 스스로 능동적으로 대응한 결과였습니다. 사람들의 사고 방식과 생활 태도를 통째로 바꾸는 방향으로 움직인, 우리 전통 시대 생활사에서 일어난 가장 극적인 변화 가운데 하나였던 그것을 이곳 '야외전시'에서 확인하십시오.

운주사 : 절 좌우에 석불과 석탑이 1000개씩 있다는 기록이 남아 있으나(『신증동국여지승람』),
현재는 석탑 12기(基)와 석불 70기만 남아 있다. 크기는 10m 이상부터 수십 센티미터까지 여러 가지가 있으며, 그 다양하고 투박한 모습이
고려 사회의 다원성과 변화무쌍함을 잘 보여준다. 1980년 절 주변이 문화재 보호 구역으로 지정되었다.
가운데 석조 불감이 보물 797호, 오른쪽 원형 다층 석탑은 보물 798호. 전라남도 화순군 도암면 대초리 천불산 기슭에 자리 잡고 있다.

高麗 격동과 변화의 땅

Land of Turbulence

943년 4월, 죽음을 앞둔 고려 태조 왕건은 대광 박술희를 불렀다. 그는 자신의 후손들에게 줄 '열 가지 교훈'을 제시하면서, 첫 번째로 이렇게 말했다. "우리 국가의 대업은 모든 부처의 호위를 받았다. 그러므로 불교 사원을 창건하고 주지를 파견하여 불도를 닦음으로써 각각 자기 직책을 다하도록 하라"(『고려사』 권2). 고려 사회는 그의 뜻을 충실히 이행했다. 고려인의 정신적 지주로 자리잡은 불교는 특유의 포용력을 발휘하여, 옛 삼국의 전통 문화와 새로운 문물을 한데 아울러 안정된 다원 사회를 이끌었다. 왕건이 죽은 뒤로도 200여 년 동안, 고려에 거대한 변화의 물결이 밀어닥칠 때까지. 웅장한 금당 안이 아니라 기묘한 작은 독집 안에 앉아 있는 부처가 없는 고려 불탑과는 이질적인 모습으로 서 있는 탑들이 운주사에서 그 불온한 변화의 냄새를 풍기며 눈을 맞고 있다.

고 려 , 격 랑 을 만 나 다

1323년 커다란 배 한 척이 고려 앞바다에서 침몰했다. 그것은 일본을 향해 가다가 풍랑을 만난 원(元)나라의 국제 교역선. 원나라는 당시 세계 제국을 이룩한 몽골 인이 중국 대륙에 세우고 고려에도 간섭의 손길을 뻗친 나라였다. 산산이 부서진 이 배의 조각들을 하나하나 맞추어 나가는 과정은 곧 당시 동아시아 역사를 되살리는 과정이었다. 오랜 작업 끝에 뼈대를 드러낸 배 앞에 서자, 문득 원나라 중심의 동아시아 질서 속으로 들어가던 고려가 격랑에 흔들리는 한 척의 배 모습으로 떠오른다. 포용과 다양성의 기치를 내걸고 250여 년 동안 순항하던 고려호(號)가 안으로부터 흔들리기 시작한 것은 1170년. 그 해 차별 대우를 받던 무인들이 '성상 바람'을 일으켜 그 동안 고려를 이끌던 문인 관료를 내쫓고 웃안스러운 손으로 고려 호의 키를 잡았다.

신안 해저 유물선 : 1976년 전라남도 신안 앞바다에서 발견된 중국 무역선을 문화재청 국립해양유물전시관이 26년 만에 복원한 것. 1323년 중국 저장성 닝보에서 일본으로 항해하던 중 고려 연안에서 침몰한 것으로 짐작된다. 본래 길이 34m, 최대 폭 11m, 높이 4m, 2백 톤 규모의 범선으로 추정되며, 복원은 길이 28.4m, 폭 6.6m 부분만 이루어졌다.

선장이 바뀌자 그 동안 숨을 죽이고 있던 선원들도 일제히 들고일어났다. 특수 부락인 소(所)에서 망이·망소이 형제가, 경상도에서 김사미 같은 농민이, 무인 집권자 최충헌의 집에서 만적 같은 노비가 "왕후장상의 씨가 따로 있느냐?"라고 외치며 무인 정권에 강력하게 도전했다. 무인 정권이 철권 통치에 나서고 민중이 무장 봉기로 이에 맞서는 동안, 밖에서는 이전에 고려가 맞닥뜨렸던 요(遼)나 금(金)과는 비교도 되지 않는 거대한 파도가 밀려오고 있었다. 그것은 13세기 벽두에 몽골 초원의 바람이 일으킨 격랑으로, 서쪽으로는 서아시아·인도·동유럽, 동쪽으로는 중국 대륙을 휩쓸고 있었다. 그리고 서서히 고려를 향해서도 육중한 몸을 뒤채며 다가오고 있었다. ▒ 26~29쪽, 48~49쪽을 참조하세요.

손돌목 : 인천시 강화군 불은면 덕성리. 손돌은 몽골의 침략을 받아 강화도로 건너가던 고종이 탄 배의 사공으로 알려져 있다.
그가 배를 저어 간 이곳 손돌목은 위험해 보이지만 강화도로 가는 가장 안전한 뱃길이었다고 한다. 왼쪽 언덕은 용두돈대이고 그 맞은편에 손돌묘와 비석이 있다.

고려, 배수진을 치다

1231년. 고려는 떨고 있었다. 무서운 적이 국토를 유린하면서 한 발 한 발 황도(皇都) 개경을 향해 다가오고 있었다. 그 적은 바로 몽골 제국. 우리는 세계사를 배우거나 영화를 보거나 책을 읽을 때 '칭기즈칸'이나 '몽골 제국'이라는 말만 나오면 무한한 경의와 놀라움을 갖게 된다. 인류 역사상 가장 넓은 영토를 정복한 군주, 유라시아 대륙을 통일하고 사상 최초로 진정한 의미에서 세계사를 시작한 나라, 로마 교황을 떨게 하고 마르코 폴로를 비롯한 유럽 인에게 찬양을 받았으며 동아시아의 선진 문물을 서유럽에 전해 준 세계 제국. 칭기즈칸과 그 후예의 휘황찬란한 업적에 넋을 잃고 있다 보면, 바로 그들이 우리 조상을 능욕하고 우리 국토를 유린하러 내려온 침략자였다는 것, 그들이 우리 역사와 전통의 맥을 송두리째 끊어 놓을 뻔했다는 사실을 잊곤 한다.

1232년. 고려는 떨고만 있지는 않았다. 몽골 군은 적당한 명분이나 물질적 이익만 챙기면 돌아가곤 하던 여느 침략군과 다르다는 것을, 그들은 잘 알고 있었다. 또한 고조선과 삼국의 정통을 이어받은 고려가 자신들 대에 와서 명맥이 끊어진다면 얼마나 치욕스러운 죄업이 될 것인가도 잘 알고 있었다. 무인 정권은 바다 건너 있는 강화도로 수도를 옮기고 장기간에 걸친 항전을 시작했다. 강화도는 이때부터 우리 역사에서 특별한 의미를 갖기 시작했다. 그곳은 외적이 육지에서 오면 바다를 사이에 두고 대치하는 교두보였고, 바다에서 쳐들어오면 가장 먼저 맞서 싸우는 격전지였다. 아무리 강한 적이라도 우리 강토와 우리 정통성을 건드리면 결코 앉아서 당하지 않겠다는 한국인 특유의 자존심과 오기는 종종 강화도에서 점화되곤 했다. ※ 22~31쪽을 참조하세요.

고려, 정체성의 위기를 맞다

1273년 제주도. 이 섬과 고려, 나아가 동아시아의 운명을 결정하는 중대한 전투가 벌어지고 있었다. 한쪽에서는 고려군이 항파두성에서 최후까지 몽골 군과 싸우겠다는 결의를 다지고 있었다. 다른 한쪽에서는 몽골 군이 중장비로 무장하고 성을 공략할 채비를 갖추고 있었다. 그런데 그 몽골 군 옆에서는 다른 군대가 몽골 군과 보조를 맞추고 있었다. 김방경을 사령관으로 하는 또 하나의 고려군이었다. 고려군 대 고려군! 이것이 어찌 된 일일까?

1258년 고려의 끈질긴 항전에 지친 몽골은 강화를 제의했다. 고려의 주권을 인정하되 고려 태자가 몽골로 와서 강화를 맺는다는 조건이었다. 이것을 놓고 고려 정부는 고려의 존립을 인정받았으니 됐다는 강화파와 끝까지 싸워 몽골 군을 완전히 격퇴해야 한다는 항전파로 갈렸다. 이 대립에서 항전을 주장하던 무인

제주도와 말 : 삼별초가 '붉은 오름'에서 전멸하고 원이 제주도를 점령할 때까지 한라산 산록 지대에서는 야생 말들만이 뛰어놀았다. 목축에 알맞은 자연 조건에 주목한 원나라가 1276년(충렬왕 2년) 이곳에 목마장을 두면서부터 대대적인 목축이 시작되었다.

정권이 무너지고 강화가 성립하자, 삼별초는 반란을 일으켜 진도로, 제주도로 옮겨 가며 고려 정부와 몽골 제국에 항거했다. 바로 이 삼별초군이 이제 항파두 성에서 결사항전을 다짐하는 고려군이요, 몽골과 강화하고 개경으로 돌아간 정부의 군대가 삼별초군과 맞선 또 다른 고려군이었다.

삼별초는 단 한 명도 항복하지 않고 싸우다 전멸했다. 당시의 현실 속에서 그들이 취한 노선은 죽음 말고는 다른 출로가 없었을 것이다. 살아 남아서 고려의 정체성을 지켜 내야 하는 과제는 정부군 쪽에 주어졌다. 그것은 유라시아 대륙에서 발 닿는 곳마다 국경선을 지워 버린 강력한 정복자의 말발굽 앞에서, 고려 의 영토를 보전하고 독자적인 문화를 지속적으로 계승 · 발전시켜야 하는 어려운 과제였다. ※ 36~49쪽과 특강실을 참조하세요.

고려, 변신을 시도하다

1374년. 몽골 제국에 항거해 고려의 정체성을 되찾고자 했던 한 사나이가 머리에 철퇴를 맞고 피를 뿌리며 숨을 거두었다. 그는 먼저 갔던 아내 노국공주 곁에 자신의 꿈과 사랑을 함께 묻었다. 그 사나이, 공민왕은 어쩌면 몽골의 그림자를 걷어내고 고려를 고려답게 되살릴 수 있었던 마지막 군주였을지도 모른다. 그는 실제로 강력한 반원 정책을 펼쳐 찬란한 성공을 거두었다. 원이 빼앗았던 쌍성총관부(함경남도 영흥)일대의 국토를 되찾고 원에 빌붙어 이권을 챙기던 관리를 모조리 제거했다. 그리고 원이 물러간 자리에 영광스러운 옛 고려를 되돌려 놓기 위해 문종(1046~1083년 재위) 때의 정치 · 사회 제도를 부활시켰다.

그러나 옛날의 고려는 더 이상 없었다. 몽골 침략 이전의 질서를 회복하기에는 너무도 많은 것이 바뀌어 있었다. 외세에 의해서가 아니라 고려 내부의 모순에

16

의해서. 고려 사회는 밑바닥부터 완전히 달라져 있었다. 권문세가가 농민의 땅을 빼앗아 끊임없이 자기 땅을 불려 나가는 상황, 그래서 사회의 위아래가 극단적으로 대립하는 상황에서 옛 제도는 몸에 맞지 않는 옷이 될 수밖에 없었다. 공민왕은 어쩔 수 없이 앞으로 나아가야만 했다. 그의 승부수는 권문세가와 아무런 이해 관계도 없는 필마단기(匹馬單騎)의 승려 신돈. 신돈은 권문세가가 불법적으로 빼앗은 땅을 농민에게 돌려주는 단호한 개혁을 벌여 나갔다. 그러나 필마단기라는 장점은 곧 결정적인 단점이 되어 그에게 부메랑처럼 돌아왔다. 권문세가의 반격이 시작되었을 때 신돈 곁에는 아무도 없었다. 공민왕조차도…….

신돈은 역적으로 몰려 죽었고 공민왕도 더는 꿈을 펼치지 못한 채 의문의 죽음을 맞아야 했다. 그것은 곧 고려가 맞게 될 최후를 예고하는 죽음이기도 했다.

교동 향교 : 1127년 중국에서 유학자 초상을 들여올 때 처음 배를 댄 교동도에 세운 향교. 안향이 우리 나라 최초로 공자상을 들여와 모셨다고도 한다. 창건 당시 화개산 북쪽에 있던 것을 조선 중기에 현재의 위치로 옮겼다. 경기 유형문화재 58호. 인천시 강화군 교동면 읍내리 148번지.

고 려 , 긴 여 정 의 끝 에 서 다

공민왕은 죽었다. 그러나 역사는 이런 죽음을 헛되이 흘려 보내는 법이 없다. 그의 실패를 지켜본 젊은 개혁 세력은 무엇을 어떻게 해야 하는지 더욱 신중하게, 더욱 철저하게 따져 보기 시작했다. 그들의 이름은 '신흥 사대부', 그들의 무기는 참신한 사상이었던 '성리학'. 그들은 고려의 병폐가 일부 정치 세력의 교체만으로 고칠 수 있을 만큼 간단한 것이 아니며, 사회 밑바닥까지 침투해 있는 종양을 완전히 들어내는 대수술을 필요로 한다고 생각했다. 그들이 팔을 걷고 개혁에 나섰을 때 그들의 희생양이 된 것은 500년간 고려 다원 사회의 정신적 버팀목이 되었던 불교였다.

그들은 말했다. 전국에 수많은 사원이 들어서서 권문세가와 결탁하여 토지를 삼키고 국가 재정을 갉아먹고 있다고. 이것은 태조 왕건도 불교 숭상이 지나치면

통일 신라 말기처럼 타락할 수 있다며 경계해 마지 않던 현상이었다. 신흥 사대부가 사회의 전면 쇄신을 요구하면서 토지 개혁을 추진하면 할수록 불교는 설자리를 잃어 갔다. 신흥 사대부는 또 말했다. 불교가 극락왕생을 미끼로 세상을 속이고 백성을 잘못된 길로 이끈다고. 재물 욕심과 땅 욕심으로 백성의 불평과 개혁 세력의 비판에 무방비 상태가 되어 있던 불교는, 종교나 사상으로서의 존립 자체도 유지할 수 없는 처지에 내몰렸다. 400여 년 동안 고려의 얼굴이었던 불교는 서서히 고개를 떨구었다. 그리고 그 자리에 새로운 얼굴이 고개를 내밀기 시작했다. 젊고 패기 만만하며 타협을 모르는 새 얼굴은 성리학. 『고려생활관 2』와 함께 하는 길고 험난한 여정의 끝에서 그 극적인 세대 교체의 현장을 목격하게 될 것이다. ▨ 50~61쪽과 특강실 2를 참조하세요.

고 려 생 활 관 　2

전시 PART 1

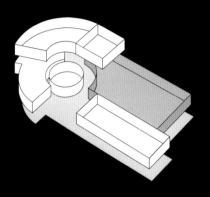
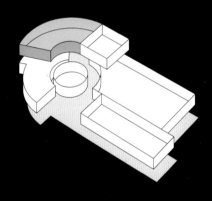
이곳에서는 안으로는 급격한 사회 변동, 밖으로는 일찍이 유례가 없었던 강한 외세의 도전을 맞아 거세게 출렁거리던 고려인의 삶을 두 전시실로 나누어 보여 줍니다. '고려실'에서는 처참한 전쟁의 시기를 힘겹지만 굳세게 헤쳐 나가던 고려인, 거대한 외세의 간섭을 받으면서 자신을 재발견해 나가던 고려인, 변화의 바람에 대응하면서 새로운 사회로 나아가던 고려인의 삶을 만날 수 있습니다. '특별전시실'에서는 격동과 변화의 시대를 살던 고려인이 마음속으로 그리던 불교의 이상향이 화려한 색채와 더불어 펼쳐지는 고려 불화, 그 꿈 같은 세계로 여행을 떠납니다.

1206 칭기즈칸, 전 몽골 통일.

1218 금나라 수도 연경 함락. 서요 정복.

1221 이란계 호레즘 함락. 북인도 진출.

1222 남러시아 진출.

1227 칭기즈칸 사망.

1233 금나라 정복.

밀라노
베네치아
로마
모스크바
블라디미르
키예프
불가르
콘스탄티노플
사라이
카라코름
에미르
타브리즈
비슈발리크
다마스커스
모술
알말리크
예루살렘
오트랄
바그다드
사마르칸트
카슈가르
이스파한
라싸
호르무즈
델리
파간

■ 칭기즈칸아통일한 몽골 지역 (1206년경)
■ 칭기즈칸이 정복한 영역 (1206~1229)
■ 오고타이가 정복한 영역 (1229~1241)
■ 몽케가 정복한 영역 (1251~1259)
■ 쿠빌라이가 정복한 영역 (1260~1294)
← 징기소칸의 원정로
← 오고타이의 원정로
← 바투의 원정로
← 훌레구의 원정로
□ 남송 공략과 베트남·미얀마 원정로
□ 일본과 자바 원정로

◀ **세계 제국을 향하여** : 칭기즈칸 군대와 금나라 군대의 전투 장면.
14세기 초 이란 지역에서 그려진 기록화의 한 장면이다. 몽골 기병이 말 위에서
칼을 휘두르며 적군을 향해 돌진하고 있는 가운데, 그가 탄 말이 살해당한 금나라
병사의 머리와 팔을 매단 채 질주하고 있다. 이 그림이 보여 주는 것처럼 도대체
머뭇거림이라는 걸 모르고 세계를 향해 달려 나가던 몽골 군은 유라시아 전역의
농경 문명 사회를 대공황 상태에 빠뜨렸다.

1259

몽골 초원의 제국 직할령과 4대 칸국(중앙아시아의 오고타이칸국, 텐산 계곡 지대의 차가타이칸국, 남러시아 일대의 킵차크칸국, 서아시아의 일칸국)으로 구성된 몽골 세계 제국 성립.

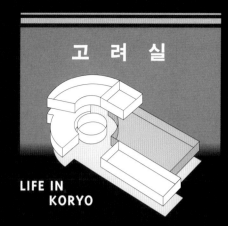

고 려 실

LIFE IN KORYO

몽골 세계 제국과 고려 -격동과 변화의 시대로 들어가며-

칭기즈칸이 몽골 초원을 통일하고 부챗살처럼 남쪽으로 뻗어 내려가기 시작한 것은 1206년. 몽골 군은 순식간에 중앙아시아를 휩쓸고 이란을 거쳐 바그다드의 아바스 왕조를 무너뜨렸으며, 북중국의 금나라를 파괴하고 바다 같은 양쯔강을 건너 남송(南宋)을 점령했다.

10만의 정예로 구성된 유럽 원정군은 러시아를 거쳐 헝가리와 폴란드로 들어가 중무장 기병을 격파했다. 유럽인은 몽골 군을 자신들의 도덕적 타락을 징벌하기 위해 신이 보낸 채찍이거나 사탄의 저주라고 생각했다. '몽골'의 별칭이던 '타타르(Tatar)'는 '지옥'이라는 뜻의 라틴어 '타르타르(Tartar)'와 발음이 비슷해 더 두렵게 만들었다.

몽골 군이 말에 의지하여 달릴 수 있는 곳이면 어디든 달려간 40년 동안, 유라시아 대륙에서는 국경선이 사라졌다. 그들과 마주친 모든 도시와 마을은 초토화되고 남은 것이라곤 깨진 벽돌 조각뿐이었다. 금나라 수도는 한 달이 넘도록 불탔고, 바그다드에서는 하루 사이에 수십만 명이 살육당했으며, 러시아 귀족은 몽골 군의 승전 기념 술자리 밑에 깔려 질식해 갔다. 사람들이 몽골 인의 칼끝 앞에서 선택할 수 있는 것은 죽음 아니면 항복뿐이었다.

이 무시무시한 군대의 진격 대상에서 고려라고 예외일 수는 없었다. 몽골 사신이 고려를 방문했다가 돌아가는 길에 살해당하면서 전쟁의 서막은 올랐다.

1227년 칭기즈칸이 서하를 정복하는 도중에 사망하자 그 뒤를 이은 셋째 아들 오고타이(태종)는 아버지가 못다 이룬 세계 정복의 꿈을 이루겠다고 다짐했다. 그는 금나라를 치기 전에 그 배후의 위협 세력인 고려를 먼저 제압한다는 방침을 세우고 1230년부터 고려 정벌 계획에 착수했다. 오고타이는 일찍이 거란을 평정할 때 몽골 군 부원수였던 살리타이를 원정군 총대장으로 임명하고, 3만의 군사를 주어 심양에서 정벌 준비를 갖추도록 했다. 행동 개시는 1231년!

지금 우리는 유라시아 대륙을 휩쓴 몽골의 폭풍이 몰려들고 있는 그 1231년의 고려에 서 있다. 삼국의 문화를 흡수한 바탕에서 다원 사회를 이루고 살아가던 고려의 운명은 어떻게 될 것인가? 당시 안정기에 접어들었던 무인 정권은 이 거대한 외풍 앞에서 어떤 선택을 할 것인가? 격동기를 맞이한 고려인의 삶 속으로 조심스럽게 발걸음을 옮겨 보자. ※ 84쪽 특강실을 참조하세요.

교토
상도
개경
대도
타자이후
양주
장안
항주
성도
천주
교토
서도
광주
참파
말라위
싱가사리

1271
중원에 중국식 왕조 원(元) 건국.

1274~1281
고려와 함께 일본 원정.

1279
남송 정복. 중국 장악.

1368
한족 왕조 명(明) 건국. 원 멸망.

1232년 여름. 무인 정권은 몽골 군이 해전(海戰)에 약할 것으로 판단하여 강화도로 도읍을 옮긴다는 결정을 내리고, 개경 주민에게 긴급 명령을 내렸다. "20일 안으로 강화도로 이사할 것. 만일 기일 안에 출발하지 못하는 자는 군법으로 다스릴 것." 집권자 최우가 수레 1백여 량을 차출하여 재물을 강화도로 옮기면서 대장정은 시작되었다. 도성의 인심은 흉흉했고 장대 같은 장맛비는 열흘간이나 계속 내렸다. 강화로 향하는 길은 이미 수많은 사람과 수레를 끄는 소와 말이 지나면서 진흙탕으로 변해 버렸다. 진흙이 발목까지 차 올라 수레를 끌던 말까지 쓰러지는 아비규환 속에 강화도가 바라다보이는 승천부(현재 북한 경기도 개풍 지역) 해안까지 가는 데 꼬박 이틀이 걸렸다. 10만 호나 되는 집들이 20일 동안 나누어 개경을 떠났지만 포구에 다다른 사람들이 한꺼번에 바다를 건널 수는 없는 노릇. 해안선에는 순번에 따라 배에 오르기를 기다리는 사람들로 가득한 가운데, 섬으로는 사상 최초로 나라의 수도가 될 강화도가 긴장한 모습으로 이들을 바라보고 있었다.

전장(戰場)에서

남의 것을 뺏자고 덤벼드는 전쟁에서 침략을 당하는 사람들은 지킬 것이 있게 마련이다. 고려의 위정자들은 국권을 지키기 위해 섬으로 들어갔다. 그러자 육지에 남은 민중도 지켜야 할 것이 생겼다. 바로 그들 자신과 가족의 목숨이었다. 그러나 전쟁이 계속되면서 고려인은 지켜야 할 더 큰 것을 알게 되었다. 다름 아닌 고려라는 나라에 살고 있는 사람들의 일체감과 독자적 전통과 문화, 한마디로 고려의 모든 것이었다.

무인 정권이 몽골 침략을 버텨 내기 위해 강화도로 들어가면서 남북 약 30km, 동서 12km에 이르는 이곳이 섬으로서는 역사상 진무후무한 한 나라의 도읍지가 되었다. 무인 정권이 한강·임진강·예성강이 한데 합쳐지는 하구에 자리잡은 이곳을 임시 수도로 택한 데는, 몽골이 해전에 약하다는 판단말고도 지형적으로 밀물과 썰물의 차가 커서 외부에서 침입하기가 쉽지 않으리라는 판단도 작용했다. 또한 개경과 40km 정도밖에 떨어져 있지 않다는 점, 섬이 그리 작지 않고 곡식이 알맞게 잘 자라 물산이 풍부하다는 점, 섬인 까닭에 삼남 지방과의 연결이나 조세 운송에 매우 편리하다는 점 등 몇 가지 좋은 여건 때문에 장기간 버틸 수 있을 것으로 생각했던 것 같다. 무인 정권은 천도한 이듬해부터 해안을 따라 가는 외성(外城) 건설에 착수하여 약 4년에 걸쳐 길이가 12km 가량 되는 토성을 완성했다. 또한 해안과 내지(內地)에 보루를 만들어 단단한 방어 체제를 구축했다. 1235년에는 지방에서 소집한 예비 병력을 동원해 강화 연안에 제방을 쌓았고, 1250년에는 크고 작은 문 17개가 딸린 둘레 약 2.4km의 내성(內城)을 돌로 쌓았다.

▲ **강화도에서 태조 왕건을 모시던 절 : 봉은사는** 강화 천도 이후 태조 초상을 받들어 모시고 고종이 연등 행사를 벌인 곳으로 짐작된다. 사진의 '봉은사 석탑'은 발견되었을 때는 넘어져 있었으나 1960년에 보수하면서 다시 세웠다. 그러나 복원이 잘못되어 형태가 어색하다. 인천시 강화군 하점면. 보물 10호.

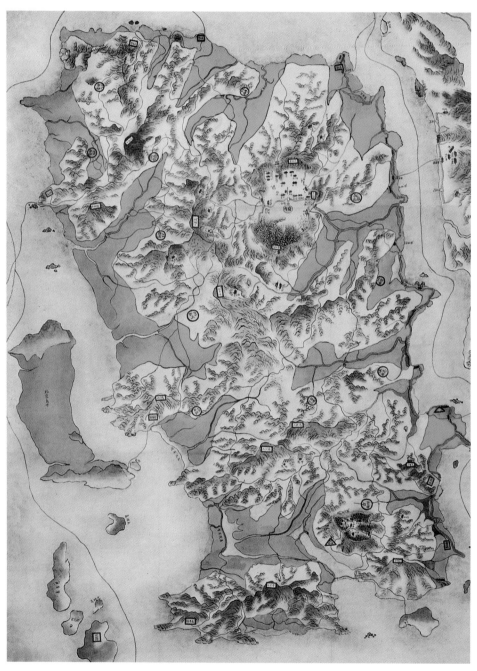

▲ **1232년의 강화도는 이렇게 날씬했답니다** : 오늘날의 강화도를 알고 있는 사람들에게는 이것이 강화도 지도라고 하면 깜짝 놀랄 것이다. 위 지도에서 회색으로 칠한 부분은 1232년 무인 정권이 강화도로 천도한 이후 조선 숙종 때까지 지속적으로 간척 사업을 벌여 늘어난 땅으로, 이 부분을 합쳐야 오늘날의 강화도 모양이 완성된다.

섬을 임시 수도로 삼았다고 해서 대충 아무렇게나 살았겠거니 하고 생각하면 오산이다. 다른 군대도 아니고 몽골 군의 침략을 버텨 보겠다는 사람들이 이곳에서 한 3,4년 적당히 살 생각을 하지는 않았기 때문이다.

최우 정권이 건너간 이래 강화도는 더 이상 고기 잡고 농사 짓는 사람들이 평범하게 살아가던 이전의 섬 마을이 아니었다. 나름대로 위용을 갖춘 왕도로 손색이 없었다.

때는 최우 정권이 강화도로 건너간 지 거의 10년이 흐른 1240년. 마침 북산에 올라 섬 전체를 내려다보고 있는 이규보의 눈을 빌려 당시 강화 도성을 살펴보자. 육지는 몽골 군 말발굽 아래 초토화되고 있건만 이곳은 평온하기 짝이 없다. 개경을 뺨치는 궁궐과 관청이 들어서고 관료와 서민의 집들이 즐비하게 늘어서 있다.

이규보는 붓을 들어 그 광경을 이렇게 적기 시작했다. "송악산 옛 자취 허황한 꿈이거니. 황폐해진 그 땅일랑 다시 생각 마오. 새로운 화산(花山) 가운데 궁전 열어 천자를 받드노라. 일천 집 여기저기 푸른 기와 즐비하고 일만 부엌 아침 저녁 푸른 연기 나네"(『동국이상국집』).

인구 몇천 명의 섬 마을에 수십만 명이 몰려 오다 ● 강화 천도가 결정된 직후 최고 집권자 최우는 군사 2천 명을 미리 강화도로 보내 우선 궁궐을 짓는 한편, 왕이 거처할 곳을 마련했다.

그리고 개경 주민이 대부분 떠났다는 보고를 받은 뒤인 7월 6일, 역대 왕의 초상과 신위만을 모시고 개경을 출발했다. 그들은 승천부에 잠시 머무르며 비가 잦아들기를 기다렸으나, 그칠 기미가 보이질 않자 다음날 오전 무조건 바다를 건너 강화의 객관(客館)으로 들어갔다.

강화도는 북적거리기 시작했다. 천도 전까지만 해도 몇천 명밖에 안 되었던 인구가 갑자기 수십만 명으로 불어났기 때문이다. 이 정도의 인구를 수용하려면 단순한 방어 기지가 아니라 대규모 계획 도시를 건설하는 것이 불가피했다.

'작은 개경' 강화도 ● 단단한 요새로 거듭난 강화도 안에 새 도성을 건설할 때 모델이 되었던 곳은 바로 개경이었다.

무인 정권은 여러 도의 장정을 뽑아 올려 궁궐과 관청, 구정(毬庭 : 격구 따위를 하는 궁정의 뜰)을 새로 지었다. 또 관료의 집을 빼앗아 봉은사(26쪽 사진 설명 참조)를 만들고 태조 왕건의 초상과 역대 왕의 위패를 모시는 곳으로 삼았다. 그런가 하면 민가를 헐어 국왕의 가마가 다닐 수 있도록 길을 넓히기도 했다.

새로 지은 궁전과 절 이름이나 거리, 산 등의 이름은 개경에서 쓰던 이름 그대로 지었다. 이규보가 올랐던 북산도 개경 '송악산'의 다른 이름이었다. 또한 팔관회나 연등회 같은 국가적 행사도 개경에서 하던 그대로 시행했다.

최고 집권자 최우의 집을 짓는 과정만 보아도 이곳이 그저 임시 방편으로 머물 피난처가 아니라는 것을 알 수 있다. 최우는 최씨 정권의 사병 집단인 도방과 군사 4천 명을 동원하여 개경에서 배로 재목을 실어 날랐는가 하면, 수십 리에 이르는 정원도 소나무 · 잣나무 등으로 멋지게 꾸몄다. 집에서 쓸 얼음을 저장하는 창고를 만들기 위해 백성을 징발하기도 했다. 최우 스스로 "앞으로도 어찌 오늘 이처럼 누리는 자가 있으랴?"라고 자랑스럽게 말할 정도였다.

이처럼 '작은 개경'을 건설하여 40년 가까이 유지할 수 있었던 것은, 몽골과의 치열한 전쟁에도 불구하고 경상도· 전라도·충청도 일대에서 바다를 통해 올라오는 조세와 공물 운반로를 확보했기 때문이다.

"사람과 잣나무, 어느 것이 더 중요한가"
● 무인 정권은 강화도에 개경을 옮겨다 놓기만 한 것은 아니었다. 섬의 모양이 바뀔 만큼 대규모 간척 사업을 비롯한 갖가지 개발 사업도 이루어졌다(26쪽 지도 참조).

이러한 개발로 인해 강화도 원주민의 삶에도 많은 변화가 일어났다. 그러나 그것이 꼭 그들의 삶에 이익이 되는 것만은 아니었다. '굴러온 돌이 박힌 돌을 빼낸다'고, 개경에서 온 사람들이 그들을 차별 대우했기 때문이다.

최우 정권을 믿고 기세 등등한 벼슬아치나 노복들이 자기네 집을 짓는답시고 원주민 땅을 무작정 차지하는가 하면, 집 짓는 재목을 운반하느라 소와 말을 동원하는 통에 농사를 망치기 일쑤였다. 시중 최종준은 길 가는 사람의 말을 다짜고짜 빼앗아 재목과 기와를 나르게 해서 이틀 만에 집을 짓기도 했다.

추운 겨울철에 멀리 안양산의 잣나무를 옮겨 심는 노역을 하다가 얼어죽는 사람이 생기는가 하면, 노역을 피하려고 집을 버리고 산속으로 들어가는 사람도 있었다. 그러자 누군가가 대궐의 승평문에 방을 붙여 이런 사태를 비난했다. "사람과 잣나무, 어느 것이 더 중요한가?"

◉강화도는 철벽이 되었건만 — 최자의 「삼도부」 또는 「새 왕도 만세!」

최자가지은 「삼도부(三都賦)」는 개경·서경·강도(江都 : 강화 도성) 세 도시를 비교하면서 강화 도성이 다른 두 도시에 비해 조금도 뒤떨어지지 않음을 노래하고 있다. "동해는 아홉 강과 여덟 하천을 겨자씨처럼 삼켜 구름과 해를 불락 삼킬락 출렁거리는데, 그 가운데 화산(花山 : 강화의 산 이름)이 있어 금오(金鰲)가 우뚝 치받쳤다. 물가와 언덕이 잎처럼 가지처럼 붙었는데, 그 가지와 잎이 붙어 올망졸망한 것은 강과 바다에 의지하는 상인· 늙은 어부·소금구이 장사꾼의 집이요, 꽃송이 같은 신악(神岳)과 꽃받침 같은 영악(靈岳), 그 꽃송이와 꽃받침에 걸쳐 날아갈 듯 솟은 것은 황실·궁궐·관료의 저택일세. …… 두 화산 봉우리가 문턱이 되고 두 효(중국 하남성의 요새지인 효산과 함곡관)가 지도리(樞)가 되니, 참으로 천하의 중심일세." 이 글은 강화도가 짧은 기간에 얼마나 변했는지 잘 알려 주지만, 몽골의 말발굽에 시달리고 있을 육지 사정을 생각하면 너무 태평한 것 아닌가 하는 느낌도 준다.

고려가 무인의 나라가 된 내력 ● 섬으로 들어가서라도 강력한 적의 침략에 버텨 보겠다는 것은 무인다운 발상이라고 볼 수 있다. 그렇다면 시와 문장을 즐기던 문인의 나라 고려가 언제부터 칼과 창으로 무장한 무인의 나라로 바뀌었을까?

그 내력을 알기 위해서는 강화로 천도하기 60년 전으로 돌아가야 한다. 당시 고려는 지식인인 문인 관료가 국왕과 함께 이끄는 나라였으므로 무인의 지위가 낮았다. 문제는 문인 정권이 사치와 방종으로 흘렀다는 데 있었다.

1170년(의종 24년) 8월 의종이 보현원이라는 정원으로 행차했다. 문인들은 이곳에서 술판을 벌이고 무인들에게 오병수박희(五兵手搏戱 : 택견과 같은 전통 무예) 놀이를 시켰다. 이때 이소응이란 노장군이 젊은 무관을 상대하다가 힘에 부치자 달아났다. 그러자, 나이도 한참 어리고 품계도 낮은 한뢰라는 문인이 이소응의 뺨을 때려 그를 뜰 아래로 떨어뜨렸다. 의종과 문인들은 이 광경을 보고 손뼉을 치고 웃으며 이소응에게 욕을 해댔다. 이전부터 차별 대우를 받아 불만이 많았던 무인들은 이 사건을 계기로 문인 정권에 대한 거사를 단행하게 되었다.

문인의 관을 쓴 자는 서리(胥吏)라도 씨를 남기지 말라! ● 이날 저녁 이고와 이의방이라는 무인이 순찰병을 집합시키고는 국왕의 명령이라면서 이렇게 호령했다. "우리 편은 오른쪽 어깨를 드러내고 복두(머리쓰개의 일종)를 벗는다. 이 표지를 하지 않은 자는 모두 죽여라!"

그들이 보현원 문으로 들어오는 문인과 환관을 닥치는 대로 죽이면서 무인란의 막은 올랐다. 이고와 이의방은 궁궐과 태자 궁에 들어가 "문인의 관을 쓴 자는 서리라도 씨를 남기지 말라!"고 외치며 50여 명의 문인을 무참하게 죽였다.

"시체가 산처럼 쌓였다"(『고려사』 정중부전)고 할 만큼 끔찍한 피의 보복은 며칠간 이어졌다. 무신란의 지도자 정중부는 의종을 왕위에서 끌어내리고 그 아우를 꼭두각시 왕(명종)으로 삼아 무인 정권을 세웠다.

무인끼리도 죽이고 죽다 ● 정중부는 청년 장군 경대승에게 살해당했고, 경대승은 4년 만에 병사했다. 그 뒤를 이어 경주의 천민 출신 이의민이 정권을 잡았으나, 최충헌 장군에게 살해당했다. 최충헌은 사병 집단인 도방을 설치해 민중 항쟁을 진압하는 한편, 교정도감을 만들어 그곳에서 나랏일을 봤다. 왕도 마음대로 갈아치웠다.

이처럼 강력한 독재 체제를 만든 최충헌은 최우의 아버지였다. 최씨 세습 정권은 4대 60여 년을 이어 가다가 몽골과의 강화를 둘러싼 대립 속에 강화파의 반격을 받아 막을 내렸다.

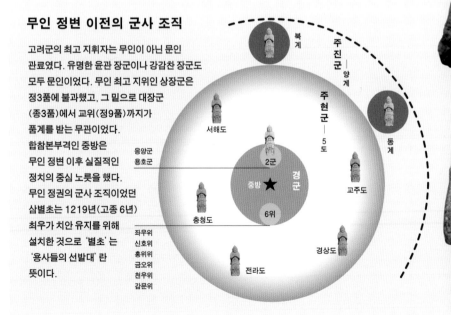

▼ **무인 석상** : 공민왕릉 하단에 각각 둘씩 있는 무인석상 중 하나. 공민왕릉은 고려 시대의 왕릉 중 가장 아름다운 능으로 1365~1372년 공민왕이 직접 감독하여 만들었다. 다른 쌍의 무인석상은 이 석상과 달리 칼을 땅에 짚고 서 있다. 이때부터 갑옷으로 무장한 무인석을 세움으로써 조선 시대 왕릉에 문무석을 갖추는 형식이 제도화되었다고 한다.

무인 정변 이전의 군사 조직

고려군의 최고 지휘자는 무인이 아닌 문인 관료였다. 유명한 윤관 장군이나 강감찬 장군도 모두 문인이었다. 무인 최고 지위인 상장군은 정3품에 불과했고, 그 밑으로 대장군(종3품)에서 교위(정9품)까지가 품계를 받는 무관이었다. 합참본부격인 중방은 무인 정변 이후 실질적인 정치의 중심 노릇을 했다. 무인 정권의 군사 조직이었던 삼별초는 1219년(고종 6년) 최우가 치안 유지를 위해 설치한 것으로 '별초'는 '용사들의 선발대'란 뜻이다.

북계
주진군
양계
서해도
응양군
용호군
2군
중방 ★
경군
주현군 5도
동계
교주도
6위
충청도
경상도
좌우위
신호위
흥위위
금오위
천우위
감문위
전라도

농민의 허리는 무인 세상에서도 휜다 ●

무인 정권은 타락한 문인들이 망쳐 놓은 나라 형편을 낫게 만들지 못했다. 그렇기는커녕 민중의 고통은 갈수록 심해졌다.

1196년 문인 이규보는 영산 부곡 마을(경상북도 구미시 선산읍)을 지나고 있었다. 어머니를 만나러 상주로 내려가던 참이었다. 그의 눈에 비친 영산 마을은 너무나도 처참했다. 마을 사람들은 도망쳐 빈집투성이였고, 백성이라야 힘 없는 늙은이들만 남아 있었다.

영산 부곡 백성이 이처럼 정든 집을 버리고 마을을 떠난 것은 토지를 빼앗긴데다 무거운 세금을 견디지 못해서였다. 권세가는 농장(農莊)에서 늘어오는 잉여 생산물로 고리대를 놓고 이를 갚지 못하는 농민의 토지를 빼앗았다. 또 지방관은 자신의 출세를 위해 조세와 부역을 지나치게 많이 부과해 형편이 어려운 백성을 못 살게 굴었다. 더구나 중앙 정부에서 지정한 공물말고도 별공(別貢)이라는 특수 물품을 내게 했다. ※ 88쪽 특강실을 참조하세요.

농민은 이에 맞서 조세를 내지 않고 버티다가 부역과 별공을 피해 달아나 떠돌아다니는 유랑민이 되었다. 그들은 살 길을 찾아 산속에 들어가 화전을 일구는가 하면 도적이 되기도 했다.

'군사 독재 정권' 타도하자 ●

1174년 서경(지금의 평양)에서 조위총이란 사람이 농민군을 이끌고 무인 정권 타도를 외치며 봉기했다. 농민들이 스스로를 보호하기 위해 군사 조직을 만들어 무인 정권에 대항하기에 이른 것이다.

조위총의 봉기는 초기에 진압되었다. 그러나 남은 세력이 그후 4,5년간 계속 들고일어나, 서북 지역은 정부가 통제할 수 없는 상태에까지 이르렀다. 조위총의 봉기가 어찌나 무인 정권에 위협적이었던지, 그것을 진압하는 데 공이 컸던 이의민과 최충헌은 모두 훗날 최고 권력자의 자리에 올랐다.

농민 항쟁은 서북 지역에서 점차 중부와 남부 지역으로 퍼져 나갔다. 2년 후 충청도 공주 명학소에서 일어난 망이 · 망소이 형제의 봉기는 충청도 일대를 거의 장악할 정도로 규모가 컸다. 그 후 1190년대에는 경상북도 경주 일대에서 대규모 봉기가, 운문사(경상북도 청도)를 거점으로 해서 김사미 · 효심의 봉기가 일어났다. 김사미 · 효심의 봉기는 여기에 가담했다가 죽은 자만 7천 명에 이를 정도로 규모가 엄청났다.

'우린 차라리 고려 안 할래!' ●

정부에 반기를 든 농민 봉기에는 주목되는 특징이 하나 있었다. 고려가 꼴보기 싫어 옛 백제나 신라를 다시 일으켜 세우겠다는 움직임이 그것이다.

예컨대 경상북도 경주와 강원도 삼척 · 강릉 일대의 농민군은 연합 전선을 형성해서 신라 부흥 운동을 일으켰다. 이 운동을 진압하기 위해 떠나는 토벌군에 자원 종군한 이규보는 명산대천에 호소하는 발원문에다 이렇게 썼다. "옛날 신라가 견훤의 침입을 받았을 때 태조가 구원해서 신라인이 지금까지 번성했는데, 그 은공을 잊고 국가에 반역을 하다니 배은망덕합니다!"

고려 정부에 반대하는 농민이 옛 삼국으로 돌아가려고 하는 것은 그만큼 삼국의 뿌리가 강하게 남아 있었다는 뜻이다. 그러나 근본 원인은 어디까지나 농민들을 가혹하게 수탈하고 착취한 관리들에게 있었다. 오죽하면 고려를 자기 나라로 생각하기 싫었을까? 이런 농민의 심정을 외면한 이규보의 호소를 명산대천이 곱게 받아들였을까?

농민 봉기를 잠재운 것은? ●

농민 봉기를 잠재운 것은 정부의 탄압이 아니라 가파르게 변해 간 대외 정세였다.

1216년에서 1218년까지는 거란족이 고려를 침범했다. 그들은 금나라 지배를 받다가 몽골군에게 쫓겨 내려왔던 것이다. 뒤이어 1231년 몽골 군이 침략함에 따라, 무인 정권이 강화도에서 장기 항전 태세를 갖추면서 고려는 본격적인 전쟁 상태에 들어갔다.

고려 전체를 상대로 한 강력한 외세의 침입에 고려 내부의 갈등은 잦아들 수밖에 없었다. 그리하여 농민 항쟁은 이전처럼 대규모 봉기가 아닌 산발적 형태로 전개되었다.

⊙무인 '쿠데타'에 '혁명'으로 맞선 사나이

1198년(신종 원년)에 최충헌의 사노비 만적(萬積) 등 6명이 북산에서 나무를 하다가 주위의 노예들을 불러모았다. "무인란과 문신 김보당의 난(1173년) 이래 하찮은 노예 출신으로 고관이 된 자가 많소. 그러니 장군과 재상의 씨가 어찌 따로 있겠소? 우리도 때가 오면 그렇게 될 수 있는 것 아니오? 우리라고 언제까지나 힘든 일에 시달리고 채찍을 맞으며 곤욕을 치를 수는 없소이다!"

그러자 주위에 모여 있던 노예들은 모두 고개를 끄덕였다. 그들은 누런 종이 수천 장에다 알아보기 쉬운 한자인 '정(丁)' 자를 쓰고 이렇게 약속했다. "흥국사 보랑(步廊)에서 출발하여 구정(毬庭)에 이르면 한꺼번에 모여 북 치고 소리칩시다. 그러면 궁궐의 환관들이 반드시 호응할 것이오. 관노 등은 대궐 안에서 죽일 놈들을 베어 없애고, 우리는 도성에서 봉기하여 먼저 최충헌 등을 죽이고 각각 자신의 주인을 쳐서 죽인 다음 노비 문서를 불사릅시다. 천민이 없어지고 우리가 고관이 될 것이오!"

약속한 날이 되었으나 모인 사람은 수백 명에 지나지 않았다. 그들은 하는 수 없이 보제사(普濟寺)에서 다시 모이기로 약속하고 서로 신신당부했다. "비밀을 지키지 않으면 성공하지 못할 테니 이 일이 새나가지 않도록 조심합시다."

그러나 이를 어쩌랴! 마음이 약해진 순정이란 노예가 주인인 율학 박사 한충유에게 계획을 털어놓고 말았으니. 한충유는 재빨리 최충헌에게 이를 알렸고, 최충헌은 만적 등 100여 명을 붙잡아 산 채로 강에 던져 죽였다. 밀고자 순정은 백금 80냥도 받고 양인 신분도 얻었다. 나머지 일당은 워낙 숫자가 많아 다 죽일 수 없어서 죄를 묻지 않고 덮어 두었다.

ㅇ유지ㄱ | 싸우는 사람들

1231년 9월 귀주성(평안북도 구성시). 몽골 군의 말발굽 소리가 가까워지고 있었다. 농민들은 한 여름 내내 땀흘려 가며 키운 곡식이 불타는 것을 바라보고 있어야 했다. 침략군의 식량으로 사용되지 않도록 하기 위해서였다. 그들은 가슴을 쓸어내리며 병사들의 독촉에 따라 성안으로 들어갔다. 이제 막 전투가 시작될 참이었다.

12인의 결사대 ● 9월 3일, 몽골 북로군이 귀주성에 들이닥쳤다. 병마사 박서, 분도장군 김경손, 송문주 등이 주변 고을의 군사를 모으고 있었다. 성안에는 몽골 군의 잔인성에 관한 갖가지 소문이 퍼져 군사들은 두려움에 떨었다.

몽골 기병이 가는 곳마다 울긋불긋한 비단옷을 휘날리며 말린 양고기를 질겅질겅 씹는 모습을 보고 사람들은 인육을 먹고 있다고 수군거렸다. 몽골 군이 섶에 기름을 바르고 불을 붙여 성안에 던지면, 고려인은 그것이 사람 몸에서 짠 기름이라고 떠들어 대며 무서워했다.

마침내 몽골 군이 밀려오자, 김경손은 여러 성에서 온 별초(28쪽 참조)를 모아 놓고 말했다. "너희들 가운데 나라를 위해 몸을 바칠 용기를 가진 자는 오른쪽으로 나서라."

겁에 질린 병사들은 모두 땅에 엎드린 채 묵묵부답이었다. 오직 정주에서 김경손과 함께 싸우다 여의치 않자 7일 동안이나 굶주리며 귀주

로 달려온 군인 12명만 나섰다. 김경손은 나머지를 성안으로 들여보내고 12명과 함께 성밖으로 나갔다. 김경손이 몽골 군 선봉의 흑기(黑旗) 하나를 쏘아 거꾸러뜨렸다. 12명의 군사도 사생결단으로 싸웠다. 김경손은 팔꿈치에 화살을 맞아 피가 철철 흘러도 꿈쩍 않고 싸웠다. 4,5차례의 전투 끝에 몽골 군은 마침내 후퇴했다. 박서는 돌아온 김경손에게 고마워하면서 눈시울을 붉혔다. 그 후 박서는 성을 지키는 일을 김경손에게 맡겼다.

눈에는 눈, 불에는 불 ● 이튿날 몽골 군은 귀주성을 에워싸고는 운제(사다리차)·당차(성

그 침략군에 그 저항군 : 몽골은 여섯 차례에 걸쳐 고려에 침입했으나 만만치 않은 저항에 부딪쳤다. 귀주성 외에도 평안남도 자주, 경기도 죽주(안성), 충청북도 충주 등이 대표적인 항쟁지였다. 4개월에 걸친 귀주성 전투는 일흔 살이 넘은 몽골 장수가 "여러 전투에 참여했지만 이런 공격을 받으면서도 끝내 항복하지 않는 곳은 본 적이 없다"라고 탄식할 정도로 처절했다. 훗날 처인 부곡(경기도 용인)에서 싸우던 고려군은 몽골 군 사령관 살리타이를 사살했다. 이 그림은 죽주성을 배경으로 삼았지만 전투 장면은 귀주성을 비롯한 여러 곳 상황을 종합해 복원했다.

벽을 부수는 무기) 등을 동원해 파상 공세를 펼쳤다. 고려군은 가까운 몽골 군에게는 화살로, 먼 기병에게는 발석차(發石車)로 사격을 가했다. 때로는 성밖으로 기습 돌격을 감행해 백병전으로 몽골 군에게 타격을 입히기도 했다. 결국 몽골 군은 공격을 중지하고 귀주성으로부터 5리가량 후퇴해 전열을 다시 가다듬어야만 했다.

이후 몽골은 성을 겹겹이 포위하고 정예 기병 3백 명으로 북문을 집중 공격했다. 그들이 초목을 실은 수레를 엄폐물로 삼아 쳐들어오자, 고려군은 포차로 끓인 쇳물을 쏟아 물리쳤다.

성문 돌파가 쉽지 않자 몽골 군은 땅굴 파기도 시도했다. 아래가 트인 커다란 나무상자를 만들어 쇠가죽으로 싸고 그 속에 군사를 감춘 다음, 성 밑으로 다가와 땅굴을 파려고 했던 것이다. 고려군이 땅에 구멍을 내고 그 안으로 쇳물을 쏟아 붓자, 땅굴이 무너져 몽골 군 30여 명이 깔려 죽었다. 고려군이 불붙인 이엉으로 나무상자를 불태우자 몽골 군은 놀라 흩어졌다.

몽골 군이 대포차 15대를 동원해 성을 공격하자, 고려군은 성 위에 포대를 쌓고 발석차로 바위를 날려 물리쳤다. 몽골 군은 장작에 섶을 두텁게 쌓고는 사람의 기름으로 불을 질러 성을 공격하기도 했다. 물을 뿌려도 불길이 잦아들기는커녕 더 거세지자, 고려군은 진흙을 물에 개어 던져 불을 껐다.

"작은 성으로 대군을 막아 내는 것은 하늘의 힘" ● 10월 20일, 후퇴했던 몽골 군이 다시 귀주성을 포위하고 포차 30대로 덤벼들어 성곽 50간을 깨뜨렸다. 박서는 무너진 곳을 수리한 뒤 성밖으로 나가 백병전을 벌였고, 김경손은 호상(지휘소 탁자)에서 싸움을 독려했다. 적의 발석차에서 날아온 바윗돌이 김경손의 이마를 스쳤지만, 김경손은 "내가 움직이면 병사들이 모두 동요할 것"이라면서 꿈쩍도 하지 않고 지휘를 계속했다.

지친 몽골 군은 마침내 "이렇게 작은 성에서 대군을 막아 내는 것은 사람의 힘이 아니다"라며 포위를 풀고 물러갔다. ▒ 35쪽을 참조하세요.

삼별초의 딸 ● 1270년 6월 3일, 여섯 살 여자아이가 진도로 가는 삼별초 대열에 끼여 있었다. 하급 장교인 대위(종9품)였던 조자비의 딸이었다. 삼별초 장수의 눈에 띄어 별장으로 임명된 조자비는 어미 없이 자란 딸이 늘 걱정이었다. 자신의 앞날을 기약할 수 없었기 때문이었다.

그 해 고려 정부는 40년에 걸친 강화도 생활을 접고 개경으로 돌아가기로 결정했다. 무인 정권이 무너진 데 이어 수도마저 다시 개경으로 옮기기로 결정하자, 무인 정권의 군대였던 삼별초는 반란을 일으켰다. ▧ 84쪽 특강실을 참조하세요.

삼별초는 강화도를 폐쇄하고 성을 지켰다. 또 바닷가를 순찰하고 다니면서 "배에서 내리지 않으면 베어 죽이겠다" 면서 섬을 떠나려는 사람들을 위협했다. 그리고 실제로 배에서 내리지 않고 달아나는 사람들을 뒤쫓아가서 화살을 날리기도 했다. 성안에 있던 사람들은 두려움에 떨며 숲 속에 숨었고, 아이와 부녀자는 거리에서 방황하며 울었다.

삼별초는 사흘 동안 강화 도성을 지키다가 도망치는 군졸이 많아지자, 진도로 향했다. 조자비와 딸이 끼여든 행렬은 바로 이들 삼별초의 반란 대열이었다(이곡, 「열부조씨전」, 『동문선』).

타협한 고려, 타협하지 않은 고려 ● 장군 배중손·노영희·김통정 등 삼별초 지휘관들은 배 1천 척을 모아 강화도에 남아 있던 백성과 병사, 그리고 재물을 싣고 바닷길을 떠났다.

조자비와 그의 딸을 비롯한 사람들은 앞날을 가늠하지 못한 채 바다를 바라보며 하염없이 눈물을 흘리고 있었다.

6월 13일 정부는 황급히 김방경이 거느리는 60명의 정부군과 1천 명의 몽골 군으로 추격 부대를 편성하여 이들을 뒤쫓았으나 실패했다.

8월 19일 두 달여 만에 진도에 도착한 삼별초 군은 곧 섬 주위에 용장성(아래 사진)을 쌓아 방어 시설로 삼고 궁궐과 관청을 지었다. 그들은 이제 단순한 반란군이 아니었다. 삼별초 지휘자들은 왕족인 승화후 왕온을 새로운 국왕으로 옹립한 다음, 각종 관부를 설치하고 담당 관리를 임명했다. 또 하나의 고려 정부를 만든 것이다. 그것은 몽골 군과 타협한 개경의 고려 정부와 달리 타협을 거부한 정부였다.

이어 삼별초군은 부근 30여 섬을 세력권에 편입시키는 한편, 전라도 남부의 곡창 지대를 장악하여 거의 한 나라의 면모를 갖추었다.

이로써 남해 연안의 섬들과 해안 및 내륙 일대는 또다시 전란에 휘말리게 되었으며, 삼별초의 항쟁은 이때로부터도 무려 4년 동안이나 계속되었다. 삼별초가 고려인 전체를 대표하지는 않는다고 해도, 고려인의 기상이 녹록치 않음을 보여 준 의의는 인정할 수 있을 것이다.

전쟁과 여인 ● 대위 조자비는 한동안 삼별초에서 몽골 군과 싸웠다. 그러다가 고려·몽골 연합군이 진도에 상륙하자, 딸과 함께 개경으로 돌아와 이번에는 삼별초의 적인 관군이 되었다. 그는 삼별초에 대한 대대적인 소탕 작전이 벌어진 1273년 겨울, 삼별초의 기지가 있던 탐라(제주도) 공격에 참여했다가 그만 딸아이만 남겨 둔 채 전사하고 말았다.

주위의 보살핌으로 그럭저럭 생활하던 이 아이, 즉 조씨는 열세 살 때 대위 한보와 혼인하여 딸을 낳았다. 조씨의 시아버지는 수령궁 녹사 한광수였다. 그녀가 시집간 지 얼마 되지 않아 시아버지가 고려·몽골 연합군을 따라 일본 정벌에 나섰다가 전사했다. 아버지와 시아버지를 전쟁 중에 잃은 셈이었다.

어려운 살림살이에도 남편과 딸이 힘이 되어 준 10여년의 세월이 지났을까, 1290년(충렬왕 16년) 원나라 반군이 두만강을 건너 충주까지 쳐들어오자, 군적에 들어 있던 남편이 징집되어 갔다. 그리고 그마저 이 싸움에서 죽고 말았다.

전쟁통에 가장을 잃고 졸지에 과부가 된 조씨는 사촌 언니에게 의지했다. 그리고 고생 끝에 딸을 극진히 키워 출가시킨 뒤에는, 딸에게 의지하며 오순도순 살았다. 그러나 그 딸도 얼마 안 되어 아들 하나와 딸 하나를 두고 먼저 저 세상으로 가 버렸다.

조씨는 억장이 무너졌지만, 질긴 생명력으로 손주들을 키우며 여든이 넘도록 꿋꿋이 살았다.

삼별초군의 제1차 경로
삼별초군의 제2차 경로
삼별초군의 세력 확대 경로
★ 삼별초 항쟁 호응 지역
● 몽골 군 주둔 지역
여·몽 연합군의 진도 공격 경로
여·몽 연합군의 탐라 공격 경로
✝ 여·몽 연합군의 지휘소

▲ **용장산성의 행궁터 :** 진도에 도착한 삼별초가 대몽 항쟁의 근거지로 삼았던 곳. 둘레가 약 13km에 이르며 산성 안에는 웅장한 행궁터가 남아 있다. 이 행궁에는 출입용 계단이 없었다. 탈출을 원천 봉쇄하기 위해서였다. 건물 자리 12개와 420m에 이르는 토성이 남아 있다. 전라남도 진도군 군내면 용장리. 사적 126호.

▲ **"정통 고려 정부는 우리요!" :** 1271년 개경의 고려 정부와 대립하던 삼별초가 스스로 정통 고려 정부라고 칭하며 일본 정부에 보낸 외교 문서를 다시 정리한 문서[高麗牒狀不審條條]. 삼별초의 문서를 접수한 가마쿠라 막부는 이를 교토의 조정에 보고하면서, 3년 전 개경의 고려 정부가 보낸 문서와 비교하여 미심쩍은 부분과 잘 알기 어려운 부분을 뽑아 정리해 위 문서를 만들었다. 이 문서를 통해 당시 삼별초 정부가 몽골과 싸우면서 식량·병사 지원을 요청하는 문서를 일본으로 보내 협력을 구했음을 알 수 있다. 당시 국제 정세에 밝지 못했던 일본은 이 문서에 담긴 정보로 몽골의 원정에 대비할 수 있었다. 1977년 동경대학교 사료편찬소에서 발견되었다.

대 몽 항 쟁 일 지

1231 7월 몽골 군 1차 침입.
9월 귀주성 전투. 11월 충주 전투.

1232 12월 몽골 군 2차 침입.
12월 용인 처인성 전투 : 살리타이 사살.

1235 7월 몽골 군 3차 침입.
1236년 9월 죽주성 전투.
1238년 4월 황룡사 탑 불에 탐.

1247 7월 몽골 군 4차 침입.
1951년 9월 팔만대장경 완성.

1254 7월 몽골 군 5차 침입.

1255 6월 몽골 군 6차 침입. 10월 충주 다인철소. 경상도 상주성 전투.
1258년 3월 김인준, 최의 살해. 무인 정권 붕괴.
1259년 4월 몽골 군, 태자 (원종) 입조 요구 후 철수. 전쟁 종료.

▲ **팔만 경판에 담긴 부처의 힘으로 적을 물리치리라** : 몽골의 침략을 불심(佛心)으로 물리치기 위해 고려가 국력을 기울여 만든 팔만대장경. 1238년(고종 25년)부터 작업을 시작하여
1247년(고종 34년) 각판 작업을 마무리했다. 그 후 경판들을 강화도에 모아 놓고 정리한 다음, 1251년(고종 38년) 9월에 왕과 백관이 대장경 판당(板堂)에 모여 낙성식을 가졌다.
대장경은 그 뒤 같은 강화도 내의 선원사(禪源寺)로 옮겨 보관되다가, 이후 조선 태조 때 서울을 거쳐 경상남도 합천 해인사로 옮겨졌다고 한다. ◈ 78쪽 가상체험실을 참조하세요.

'우리가 누구인가'를 알려준 전쟁

고려는 대몽 항쟁에서 승리하지는 못했다. 그러나 전쟁이 끝난 뒤 고려인의 자부심은 더욱
커졌다. 대몽 항쟁기 이후 쓰여진 역사책 가운데 남아 있는 일연의 『삼국유사』, 이승휴의
『제왕운기』 등은 모두 고려의 역사 전통에 대한 강렬한 자부심을 내비치고 있다.

이러한 자부심은 전쟁 이전에 나온 이규보의 「동명왕편」과 각훈의 『해동고승전』이 이미
그 토대를 마련해 주었다. 『동명왕편』은 고구려 시조 동명왕의 건국 설화를 통해 고구려의
강인한 정신을 계승하려는 의지를 보여 주었고, 『해동고승전』은 우리 나라 불교의 역사를
중국과 대등한 입장에서 서술했다.

▲ **단군은 삼한의 공동 조상** : 후삼국 통일 뒤에도 고려인 사이에는 서로 다른
계통, 즉 삼국(삼한)의 후예라는 분리 의식이 남아 있었다. 이런 의식을 통합
할 수 있는 좋은 소재가 바로 단군 신화였다. 삼국보다 먼저 있었던 고조선의
건국자 단군이야말로 한반도 사람들의 공동 조상으로 삼기에 안성맞춤이었기
때문이다. 사진은 단군의 성지로 알려진 인천시 강화군 마리산 참성단.

『삼국유사』는 130여 년 앞서 유교 사관을 바탕으로 편찬된 『삼국사기』와 달리 불교사
중심으로 편찬된 개인 저술이었다. 『삼국사기』가 중국의 정사 체제를 본떠 편찬된 것이라
면, 『삼국유사』는 설화나 신화 등 신이한 사실을 많이 담은 독특한 체제로 편찬되었다. 이
책은 역사 서술을 단군 신화에서 시작하고 있다. 고조선의 시조인 단군은 중국이 아닌 하
늘에서 왔다고 주장하면서 '삼한(당시 우리 나라를 일컫던 말)'의 독자성과 자주 의식을
강조하고 있다. 같은 시기의 『제왕운기』도 우리 역사의 서술을 단군 조선으로부터 시작하
고 있다. 여기서도 하늘과 연결된 단군을 고구려 출신, 백제 출신 할 것 없는 한반도 사람들
전체의 공동 시조로 인식하면서 우리 역사를 중국과 대등하게 파악하고 있다. 또 이제현이
남긴 「충헌왕세가」 등에서도 강렬한 국가 의식을 엿볼 수 있다.

이처럼 고려인은 중국의 금나라와 남송도 무릎 꿇린 거대한 적과 싸워 국권을 지켜 냈다
는 자부심을 바탕으로, 자신의 정체성을 살피고 주체적 자아를 확인하려는 투쟁을 벌이고
있었다. ◈ 84쪽 특강실을 참조하세요.

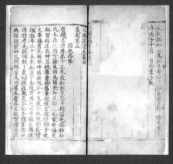

◀ **『삼국유사』** : 5권 2책.
체제나 문장은 정사(正史)인
『삼국사기』에 못 미치지만,
정사에서 볼 수 없는
고대 사료(史料)가 수록
되어 매우 소중한 가치를
지니고 있다.
서로 다른 소장본들이 각각
보물로 지정되어 있다.

동아시아 무기 열전

몽골 병사는 목덜미를 덮는 가죽 투구를 쓰고, 검은 옻칠을 한 가죽 끈으로 만든 단단하고도 유연한 흉갑을 입었다.

초원의 날쌘 도살자인 몽골 병사는 다음과 같은 개인 병기를 가지고 다녔다. 활 두 개와 활통 두 개, 굽은 군도(軍刀), 손도끼, 안장에 걸린 쇠로 만든 미늘창, 적의 기병을 말에서 떨어뜨리기 위한 갈고리 달린 창, 당기면 죄어드는 올가미가 있는 말털로 짠 밧줄……

이렇게 무장한 몽골 병사는 화약 무기가 나오기 전에 인류가 경험한 최강·최악의 '전투 기계'였다. 물론 그때에도 이미 화약은 있었다. 화약은 10세기 후반 송나라에서 발명되어 원나라와 명나라로 이어졌다. 몽골 군은 몸에 익은 전통 무기만으로 얼마든지 유라시아를 유린할 수 있었지만, 탐라에서 삼별초의 완강한 저항에 부딪치자 비로소 화약을 장전한 포탄 세례를 퍼부었다.

고려는 1377년(우왕 3년)부터 화약과 화기를 직접 만들기 시작했다. 당시 명나라는 화약 제조법을 대외비에 부쳤지만, 잦은 왜구의 침범을 보다 못한 최무선은 명나라 상인을 집요하게 설득하여 그 비밀을 알아냈다. 그리하여 고려가 화통도감을 설치하고 18종의 화기를 만들면서 우리 나라에도 화약 무기의 시대가 열렸다.

◀ **각궁(角弓)** : 뿔로 만든 고려의 활. 맥궁·장궁 등으로도 불리며, 전투·수렵용과 연락·운동용 두 가지가 있었다. 물소 뿔·쇠심줄·대나무·뽕나무 ·참나무·민어 부레풀·벚나무 껍질 등을 재료로 만들어 외국의 어느 활보다 탄력이 뛰어났다.

▲ **각종 화살과 화전(火箭)** : 위로부터 편전(일명 애기살. 전투용)·동개살(말 위에서 쏘는 화살)·호시(훈련용. 화살대를 싸리나무로 만든다)·주살(훈련용)·세전(편지 전달용)· 신기전(화약으로 발사하는 화살. 주화의 원형)· 화전(화약으로 발사하는 화살) 등이다.

◀ **총통(銃筒)** : 포신(砲身)에 '지순(至順) 3년'이라고 새겨진 원나라 대포. 1332년. 길이 35.3cm, 무게 6.74kg. 1935년 중국 베이징에서 발견되었으며, 남아 있는 것 가운데 세계에서 가장 오래된 대포이다.

▼ **수류탄** : 질려탄이라고 한다. 나무로 공모양의 통을 만들고, 이 속에 쑥잎과 화약, 끝이 날카로운 철조각 등을 넣은 다음 적에게 던져서 폭발시키는 휴대용 개인 화기의 일종.

▶ **말지뢰** : 적이 진격해 오는 길목이나 성문 앞에 뿌려 놓아 병사와 말을 살상케 하는 무기. 일명 '마름쇠'. 어떻게 던져도 한쪽 침은 늘 위를 향하게 되어 있었다. 풀섶에 뿌려 놓으면 눈에 띄지 않아 기병을 막는 데 효과적이었다.

▶ **「몽고래습회사(蒙古來襲繪詞)」** : 여·몽 연합군의 일본 원정을 묘사한 그림. 원정이 실패한 10년 뒤에 일본인이 두 권의 두루마리에 그렸다.
첫째 권은 몽골 군이 일본군에 화살 공격을 퍼붓다 후퇴해서 진을 치는 장면, 둘째 권은 일본 병사가 몽골 함선에 진입해 몽골 병사의 목을 치는 장면을 그린 것이다.
지상전과 해전에서의 당시 동아시아 무기 체계와 전법 등이 잘 묘사되어 있다.
첫째 권은 40.3×2450.6cm,
둘째 권은 40.2×2111.8cm.

◀운제(왼쪽)·쇠뇌 : 운제는 성을 공격할 때 사용하던 무기로, 긴 사다리를 차에 탑재하여 성벽을 올라가거나 정찰하는 데 쓰였다. 밑 부분에는 병사들이 들어갈 칸막이가 있고, 윗부분은 2단계의 사다리로 되어 있다. 기계식 활인 쇠뇌는 고조선 때부터 사용된 무기로, 고려 시대에는 각종 쇠뇌를 개량하여 다양한 쇠뇌를 만들어 썼다.

▲발석차 : 돌을 날려 보내는 투석기. 기동성이 떨어지고 사거리 조정이 쉽지 않으므로 야전에서는 사용하기 곤란하고 공성전(攻城戰)이나 진지전(陣地戰)에서 사용되었다. 성을 공격하는 쪽이나 수비하는 쪽 모두 없어서는 안 될 무기였다.

▲쇠뇌 : 활과 기계 장치가 있는 몸통 두 부분으로 되어 있다. 화살을 재게 돼 있는 몸통은 발사 방향을 잡아 준다. 몸통 윗면에 화살을 끼우는 홈이 있고 그 바로 뒤에 당겨진 활줄을 잡았다가 놓아 주는 발사 장치(노기)가 있다. 고려 때는 이전의 쇠뇌를 개량해서 팔우노·수질노·구궁노·천균노 등 신종 쇠뇌를 많이 만들었다.

◀충차 (당차) : 앞부분에 쇠망치 같은 것을 달고 움직여 성문을 파괴하는 병기. 성을 지키는 쪽에서는 적의 운제 등을 파괴하는 무기로도 쓰였다. 신라 법흥왕 때 창설된 특수 부대인 사설당(四設幢)은 충차를 움직이는 충당(衝幢), 쇠뇌를 발사하는 노당(弩幢), 운제를 움직이는 운제당(雲梯幢), 포차를 움직이는 석투당(石投幢)으로 구성되어 있었다.

▶몽골 군의 갑옷과 군화 : 이 같은 포형(袍形) 갑옷은 일본에서 그린 「몽고래습회사」(아래그림)에서 볼 수 있다. 포형 갑옷은 우리 나라에서도 조선 시대까지 계속 착용되어 한국 갑옷으로 정착되었다. 군화는 작은 쇠판들이 가죽 속에 들어 있어서 발을 보호한다.

약국 : 향약과 수입 약재를 파는 곳. 고려시대에는 의약의 발달이 두드러졌다.

다점(茶店) : 차·음식·술 뿐 아니라 경우에 따라서는 숙박도 제공하는 복합 편의 시설.

시장(市場)에서

고려는 오랜 항쟁 끝에 몽골 제국과 강화 조약을 맺었다. 이때부터 두 나라 사이에는 많은 인적·경제적·문화적 교류가 있었다. 고려로 시집온 원 공주, 원의 국교인 티베트 불교(라마교)의 승려 등 몽골 인과 중국인·위구르 인·인도인·아랍 인 등 많은 사람이 고려에 와서 살았고, 많은 고려인이 몽골 제국을 왕래했다. 이 시기에도 고려는 국가의 주권과 독자적 풍속을 유지했지만, 폭넓은 교류를 통해 다채롭고 국제적인 성격의 문화를 빚어 나갔다.

시장에는 남녀가 있다 ● "쌍화점에 쌍화(만두) 사러 갔더니 회회 아비 내 손목을 쥐네. / 이 얘기가 가게 밖에 나고 들면 조그마한 새끼 광대 네 말이라 하리라. / 그 자는 곳에 나도 자러 가리라. 그 잔 데 같이 거친 곳 없으리."

개경에 들어와 만두 가게를 연 회회 아비(위구르 인)가 만두 사러 온 여인을 희롱하는 장면으로, 고려 가요 「쌍화점」의 한 소절이다. 이처럼 고려 후기 개경 시장에서는 이국적 풍취와 분방한 성 풍속을 쉽게 만날 수 있었다.

시장에는 만 가지 보물(萬寶)이 있다 ● 국영 시장인 시전에서는 책방, 모자 가게, 대형 약국 등 즐비한 관영 상점들이 관영 수공업품을 팔았다. 또한 장작감(將作監) 같은 관청을 드나들면서 물품을 조달하는 어용 상인도 있었다.

쌍화점: 고려 시대에 만드는 귀한 수입 소맥을 썼으므로 요즘처럼 대중적인 음식은 아니었다.

국수가게: 긴 장대에 매달린 술은 국수 가게의 독특한 표지이다.

남대가(南大街)를 비롯한 개경의 시장 거리는 도성 중심의 십자가(十字街)와 연결된 거리에 자리잡았다. 따라서 개경에서도 유동 인구가 가장 많은 곳이었다. 지방에서 올라오는 각종 물자가 관청이나 궁궐로 들어가기 전에 마지막으로 집결하는 곳이 남대가였다. 또 출퇴근하는 벼슬아치와 서리, 외국 사신, 훈련 나가는 군인, 도성 주변에서 볼일 보러 온 사람들, 공물을 가지고 올라온 향리와 그 심부름꾼, 물건을 사려는 주민과 상인으로 늘 붐볐다. "광화문에서 십자가까지 1008개의 기둥으로 이루어진 행랑에는 점포가 들어차 있었다."(『고려사』)라고 할 만큼 시전의 규모는 컸다.

도성 주변의 농민이 생산한 채소·과일·땔감이나 여가 시간에 만든 짚신·미투리 등 소소한 일상용품은 도성 내 곳곳에서 열린 '여항소시(마을 시장)'에서 거래되었다.

여항소시는 영세한 만큼 국가가 특별히 통제할 필요가 적었으므로, 위치를 일정하게 제한하지 않았다. 그저 파는 이와 사는 이가 서로 편리한 곳에서 알아서 거래하면 되었다.

여항소시에서는 관리의 수탈을 피해 고향을 등지고 올라온 반실업자들이 짚신·유기 등을 만들고 어물·소금·땔감 등을 팔아 생계를 꾸려 나갔다. 일반 관원과 주민은 이들에게 베나 곡식 같은 현물이나 화폐를 주고 필요한 물품을

사들였다. 이런 곳에 으레 끼게 마련인 악덕 공장(工匠)과 상인은 질 나쁜 은화나 곡식을 유통시켜 막대한 부당 이득을 챙기기도 했다.

시장에는 어깨들도 있다 ● 시전에는 남대가를 사이에 두고 두 건물이 마주 서 있었다. 하나는 물가나 거래 질서를 감독하는 경시서(京市署), 다른 하나는 거리 치안을 유지하던 가구소(街衢所)였다. 길거리에서 힘 깨나 쓰는 폭력배가 주먹질하다 걸리면 가는 곳이 가구소였다.

이런 일도 있었다. 무인 정권 때 살았던 언광이란 기술자가 당시 힘 좀 쓰던 무인 정존실에게 집을 팔았다. 집 값은 은 35근이었으나 존실

은 23근만 치렀다. 언광이 찾아가 나머지 12근을 달라고 하자, 존실은 오히려 자기 부인이 시장에서 은을 빼앗겼다면서 언광을 가구소에 무고했다. 가구소는 이것이 무고임을 알고도 존실의 위세가 두려워 언광뿐 아니라 그 이웃까지 잡아다 문초했다.

그 밖에도 권력과 결탁한 폭력배가 이권 청탁을 들어주지 않는다고 시전 감독관을 위협하거나, 공물 대납을 담당하는 경주인(京主人) 노릇을 하고 다니는 일이 심심치 않게 일어났다.

시전처럼 물품과 돈이 흐르는 곳에 이권을 노린 조직 폭력배가 끼여드는 것은 예나 지금이나 마찬가지인 것 같다.

풍속 | "고려의 풍속은 바꾸지 말라"

1259년, 고려 태자(훗날 원종)는 몽골과 강화를 하기 위해 칭기즈칸 손자인 쿠빌라이를 찾았다. 이곳에서 그는 다음과 같은 약속을 받아 내고 당당한 고려인 복장으로 귀국했다. "복식은 고려의 풍속을 따르고 고치지 않도록 하겠다."

※ 84쪽 특강실을 참조하세요.

1272년, 원에서 귀국하던 고려 세자(훗날 충렬왕)는 몽골식 개체 변발을 하고 호복(胡服)을 입고 있었다. 당시 세자('태자'를 낮춘 호칭)는 강제로 원나라에 머물다 와야 했는데, 그러는 동안 몽골식 복장에 익숙해졌던 것이다. 그 모습을 본 고려 사람들은 탄식하며 울었다.

이 대조적인 두 장면은 당시 고려 사회가 겪고 있던 문화적 갈등을 상징한다.

상투냐 변발이냐 ● 개체 변발은 정수리부터 앞이마까지 머리를 빡빡 깎고 가운데 머리카락은 뒤로 땋아 내리는 것으로, '겁구아(怯仇兒)'라고 불렸다. 충렬왕이 이런 머리 모양을 했다고는 하지만, 많은 고려인은 이를 따라 하지 않았다. 몽골 관리에게 빌붙어 한자리 얻으려고 하는 자들이나 개체 변발을 했을 뿐이다.

한편 여성의 머리에 쓰는 족두리(簇頭里)도 고려 때 몽골에서 들어온 것이다. 요즘도 혼례식 때 신부가 쓰는 족두리의 원형은 '고고(姑姑)'라고 불리는 모자였다고 한다. 그것은 원래 몽골 여인이 쓰던 외출용 모자로서, 종종 원나라 황태후가 고려 왕비에게 선물로 보낸 것이다. 당시 고려 왕은 원나라 공주와 의무적으로 결혼했기 때문에, 고려 왕비는 곧 원나라 황태후의 딸이요 몽골 여인이었다.

일제 시대 민속학자 최남선은 우리 나라에서 혼인할 때 신부들이 하는, 산호 구슬 꾸러미로 만든 도투락 댕기도 몽골 기혼 여성의 머리 장식인 '도톨'에서 유래했다고 설명했다.

포냐 호복이냐 ● 개체 변발과 함께 호복을 입는 풍조도 널리 퍼졌다. 고려 왕은 사냥을 할 때면 곧잘 호복을 입었다. 충혜왕은 아버지 충숙왕을 전송하는 길에 호복을 입고 나왔다가 심한 꾸지람을 듣기도 했다.

조선 시대에 문무 관료를 가리지 않고 일상적으로 두루 입었던 철릭도 고려 때 원나라에서 들어온 것이다. 본래 고려인은 도포(道袍)나 포(袍)를 외출복으로 많이 입었다. 포는 웃옷과 아랫도리를 하나로 이은 옷으로 소매가 헐렁하고 길이가 짧았다. 그에 반해 웃옷과 아랫도리를 따로 재단하여 이어 붙인 철릭은 아랫도리에 주름을 많이 잡아서 걷거나 활동할 때 편했다.

철릭 위에는 소매가 짧은 답호(더그래)를 덧입었는데, 이것도 몽골에서 들어온 옷이었다.

만두와 설렁탕 ● 불교 국가라서 꺼리던 육식을 본격적으로 하기 시작한 것도 이때부터였다. 만두를 뜻하는 '쌍화(雙花)'는 같은 뜻을 가진 몽골 어를 한자 음으로 표현한 것이다. 만두는 몽골 인의 주식으로 고려 여성이 몽골 여성으로부터 만드는 법을 배워 전파했다.

전통 음식 가운데 하나인 설렁탕의 유래에 대해서도 몽골에서 들어왔다는 설이 있다.

보통 설렁탕은 선농단에 제사를 지낸 다음 그 제사에 올렸던 소를 잡아 우려낸 '선농탕'에서 비롯되었다고도 하고, 그때 소를 잡아 제대로 손질하지 않고 설렁설렁 삶아 먹었다고 해서 '설렁탕'이 되었다고도 한다.

그런데 최남선은 설렁탕도 몽골 어인 '슐루'에서 왔다고 보았다. 같은 음식을 만주에서는 '실레'라고 부른다. 유목민인 몽골 인이 초원을

▲ **고려 사람들도 이렇게 입고 다녔을까?** : 쿠빌라이와 측근들이 전통 몽골 복식을 하고 사냥에 나섰다. 몽골의 간섭을 받게 된 고려에서도 이런 식의 복장을 하고 다니는 사람들이 있었다. 그러나 고려를 용맹했던 고구려의 후예로 존중한 쿠빌라이는 1260년 국서를 보내 "고려의 풍속은 바꾸지 말라"는 입장을 밝혔다. 이에 따라 고려의 전통 복식은 크게 바뀌지 않았다.

떠돌다 물가에 이르러 양을 잡아 적당히 뜯은 다음 삶아 먹은 데서 유래했다는 것이다. 아무튼 설렁탕을 먹게 된 것과 육식 문화가 보편화된 것은 밀접한 관계가 있다.

'마누라'와 '양아치' ● 왕과 왕비 등 궁중의 최고 어른에게 붙이는 '마마(媽媽)', 세자와 세자빈을 가리키는 '마누라(媽媽)', 임금의 음식인 '수라', 궁녀를 뜻하는 '무수리' 등은 본래 몽골의 궁중 용어였다. 그것이 고려 궁중에 전해져 고려·조선의 궁중 용어뿐 아니라 일부는 여염집에서 쓰는 호칭으로도 사용되었다.

특히 '마누라'는 여염집 부인의 존칭으로도 쓰이다가 지금까지 전해지고 있다. 이 같은 유래를 안다면 요즘 남자들은 자기 부인을 '마누라'라고 부를 때 좀 더 경건해야 할 것 같다.

몽골 어가 궁중 용어로 쓰인 것은 원나라 제도를 수용한 탓도 있지만, 1백여 년 동안 7명의 원나라 공주가 고려에서 왕비로 생활했기 때문이기도 했다. 또 원나라 공주에게서 태어난 왕자와 공주는 어릴 때부터 자연스럽게 몽골 어를 썼고, 원의 궁중에 들어가 생활하다가 돌아왔으므로 몽골 어에 익숙했다.

우리가 흔히 쓰는 벼슬아치나 장사치, 속어인 양아치 등의 '치'는 몽골 집정관인 다루가치의 '치'에서 온 것으로, 임무나 직업을 나타낸다. 고려에는 임금의 경호군을 말하는 홀치(忽赤), 청소부를 가리키는 조라치(照刺赤), 거지를 가리키는 화니치(火尼赤), 매를 길들이는 시파치(時波赤) 등 여러 '치'가 있었다.

매와 관련된 말로는 누런 매인 '갈지게', 흰 새매인 '궉진', 새매의 수컷인 '난추니', 길들여 사냥에 쓰는 '보라매', 사냥매의 하나인 '송골매' 등이 몽골에서 들어왔다.

달리는 말(馬)은 몽골에서 들어온 대표적인 동물이었다. 망아지는 '아질게말', 붉은 말은 '절다말', 검은 말은 '가라말' 등으로 불렸다. 또 말 채찍에 매달려 있는 '고들개', 말의 배띠 끈인 '오랑' 등도 몽골 어였다.

이처럼 몽골에서 들어온 말들은 주로 몽골인이 종사하거나 그들이 주도한 일과 관련이 있었던 것으로 보인다.

고려인의 사랑 이야기

고려 시대의 성 문화를 알려주는 자료는 대부분 '고려 가요'로 알려진 속요·장가(長歌)이다. 이 노래들은 누가 언제 썼는지 알려지지 않은 채 입에서 입으로 전해 오다가 조선에 이르러서야 문자로 기록되었다. 그 뛰어난 표현과 운율은 우리 문학사의 보배이고, 그 속에 담긴 고려인의 생활상은 우리 사회사의 재산이다.

「가시리」·「만전춘」(아래 가사)·「쌍화점」(36쪽 참조) 등이 대표작으로 꼽히는 속요의 주제는 주로 남녀간의 사랑이다. 충렬왕 때 지어진 「쌍화점」에 등장하는 여인은 쌍화점 주인, 절간의 승려, 우물가 용왕, 술집 아비에게 차례로 손목을 잡힌다. 고려 가요의 이런 노골적인 성(性) 묘사를 들어 고려 시대의 성 풍속은 개방적이고 퇴폐적이었다고 보는 견해가 적지 않은 것 같다(남녀 체위가 새겨진 위 청동 거울이 고려 시대 것이라는 추측도 그런 견해를 배경으로 제기되었을 것이다).

정말 그랬을까? 고려의 성 문화가 퇴폐적이었다고 주장하는 사람들은, 고려 가요가 아니더라도 문란했던 고려 국왕들의 성생활이나 향락적이었던 귀족들의 문화를 보면 알 수 있다고 말한다. 고려의 성 문화가 개방적이었다고 주장하는 사람들은, 고려 시대의 남녀가 조선 시대에 비해 상대적으로 평등했기 때문에 성 문화도 자유로웠을 것이리고 추측한다.

그러나 고려인은 신라의 토우처럼 야릇한 성행위를 묘사한 유물도 남기지 않았고, 조선의 춘화(春畵)처럼 적나라한 그림도 남기지 않았다. 다만 고려 사회가 조선 시대에 비해서 전반적으로 개방적인 다원 사회였던 것만은 분명하다. 이것은 고려의 국제성과 개방적 포용성에서 나온 것이다. 따라서 남녀 관계도 비교적 개방적이었을 것이고, 고려 가요에서 보이는 솔직한 사랑 표현은 이러한 개방성에서 나왔을 것이다. 적어도 과부는 무조건 수절해야 했던 조선 후기의 경직된 문화와는 분명히 달라서, 머리를 푼 채 공동 묘지를 떠도는 여자 귀신이 조선 때만큼은 많지 않았으리라는 것이다.

그렇다고 해서 고려의 일반적인 성 문화가 문란했다는 것은 아무런 근거도 없는 주장이다. 고려의 성(性)은 고려 사회가 조선 사회보다 개방적이었던 만큼만 개방적이었을 뿐이다.

아아 님이여 평생토록 여읠 줄 모르고 지냅시다

약든 가슴을 맞추옵시다 맞추옵시다

사향 각시를 안고 누워

금수산 이불 안에

옥산을 베고 누워

남산에 자리 보아

어려 비오리야 여울일랑 어디 두고 못(沼)에 자려 오느냐

오리야 오리야

못이 얼면 여울도 좋거니 여울도 좋거니

우기지던 이 누구입니까 누구입니까

넋이라도 님과 함께 지내는 모습 그리더니

넋이라도 님과 함께 지내는 모습 그리더니

복사꽃 피었도다 봄바람 비웃네 봄바람 비웃네

복사꽃 피었도다 봄바람 비웃네

서창을 열어젖히니

뒤척뒤척 외로운 침상에 어찌 잠이 오리야

정 나눈 오늘 밤 더디 새시라 더디 새시라

남과 내가 얼어 죽을 망정

얼음 위에 댓잎 자리 만들어 님과 내가 얼어 죽을 망정

얼음 위에 댓잎 자리 만들어

—「악장가사」의 「만전춘(滿殿春)」

시장에는 술을 전문적으로 판매하는 술집들이 있었다. 관청에서 기생까지 두고 운영한 주점도 있었고, 개인이 운영한 사영(私營) 주점도 있었다. 이들 개인 술집도 술과 함께 기생 등을 통한 여흥을 제공하는 경우가 많았다. 국가에서는 양온서라는 관청을 두어 행사에 필요한 술과 감주를 관장했다. 양온서는 뒤에 장례서·사온서 등으로 이름이 바뀌었으며, 그 중 사온서는 조선 시대에도 있었다.

주점 | 소주가 있는 풍경

▲ **누가 술을 마시다 술병을 깼을까?**: 청자 상감 구름·학 무늬 시(詩) 새김 청자. 12세기. 높이 19.7cm. 밑지름 8.4cm. 다음과 같은 시가 새겨져 있다. "성도의 술은 돈 없어도 구할 수 있다고 들었네. 얼마나 마시면 근심이 없어지련지. 세속의 인연은 끝내 끊을 수 있지만, 자연 속의 새들은 울게 할 수 없구나. 이 좋은 분위기에 덧붙일 것이 있다면, 대나무 수백 그루가 알맞겠지."

문주회(文酒會)라는 것이 있었다. 과거 시험 합격자들이 선배 관료들과 함께 술자리를 가지며 결속을 다지는 모임이었다. "관원들이 큰 술잔을 잡고 술을 가득히 따르며 선생을 부른다. 그 자리에서는 아무리 높은 관리라도 과거를 통해 벼슬한 사람이 아니면 '선생'보다 낮은 호칭인 '대인'으로 불렸다"(『필원잡기』).

고래가 물 마시듯 술을 마신 어떤 주정뱅이 승려는 주위 사람들이 소 오줌이나 흙탕물을 술이라 속여서 갖다 주어도 흔쾌히 들이켜고 "이 술이 왜 이리 쓴고?"라며 인상만 찡그릴 뿐이었다고 한다. 승려와 유학자 관료를 막론하고 고려인이 얼마나 술을 좋아했는지 짐작할 수 있다.

술과 인생은 닮은 꼴 ● 무인 정권에 협력하지 않고 실의와 빈곤 속에서 방황하다가 일찍 죽은 천재 문인 임춘은 술을 좋아하다 못해 술을 의인화한 소설 『국순전』을 썼다.

이 소설의 주인공 '국순(진한 술)'은 '모(보리)'의 90세손이며 '주(세 번 빚은 독주)'의 아들이다. 밭이랑에서 살던 '모'는 세상을 배부르게 했고, 그의 5세손은 "아주 평화롭고도 얼큰하게 취해 있는 세상"을 만들었다. 그러나 그를 꺼리는 사람도 많아 그 후 두드러진 후손은 없었다. '주'에 이르러서는 어떤 재상의 총애를 받았으나 세상이 어지러워 초야에 묻혀 지냈다. 그 아들 '국순'은 기량과 도량이 커서 공경대부, 신선, 외국인이 모두 그와 함께 하지 않는 모임에서는 시무룩해질 지경이었다.

이 가전체(假傳體) 소설은 인생과 술의 관계를 다루면서 술 때문에 타락하고 망신당하는 인간 군상을 풍자하고 있다. 여기에는 또한 당시 관료들의 안일과 타락상을 증언하고 고발하려는 의도도 깃들여 있었다.

임춘과 곧잘 대비되는 인물로 이규보가 있다. 그는 시·거문고·술 세 가지를 좋아한다고 해서 '삼혹호(三惑好) 선생'이라고 불릴 만큼 술고래였다. 임춘과 달리 무인 정권에 협력하고 벼슬을 지낸 이규보도 술을 의인화한 『국선생전』을 남겼다. 그런데 이 소설의 주인공 '국선생'은 임춘의 '국순'과 달리 현실 정치에 참여해서 "나랏일을 잘 꾸리고 임금의 마음을 윤택하게 하여 거의 태평한 경지의 공을 이루었다."

결국 입장 차이는 있으나 임춘이나 이규보는 현실에 대해 무능했던 자신을 한탄하며 술에 빗대어 자기의 꿈을 표현한 셈이다. 그들은 회의와 통한에 젖은 채 맑은 술을 기대하며 세상이라는 독한 술에 취해 쓰러져 잠들었는지도 모른다. 술은 그들의 벗이요 그들 자신이었다.

고려 애주가의 새로운 벗 소주(燒酒) ●
임춘이나 이규보 같은 애주가에게는 안타까운 일이겠으나, 고려 애주가의 즐거움을 더해 주는 술이 새로 들어온 것은 아마도 그들이 죽은 다음이었을 것이다. 그것은 소주. 청주나 막걸리에 비해 알코올 도수가 훨씬 높아 맛도 톡 쏘고 취기도 빨리 도는 술이다. 몽골에서 들어온 것으로 알려진 이 고급 독주는 어떻게 만들까?

먼저 누룩을 빚고 이 누룩을 쌀밥과 잘 섞은 다음 발효시켜 주정을 만든다. 이 주정을 가마솥에 넣고 그 위에 소줏고리(오른쪽 사진)를 얹는다. 소줏고리 위에는 오목한 자배기를 얹거나 솥뚜껑을 뒤집어 얹은 다음, 그 위에 찬물을 가득 채운다.

그런 다음 아궁이에 불을 때면 가마솥 안의 주정이 기화하는데, 기화된 증기는 소줏고리를 통과한 다음 찬물이 담긴 자배기의 바닥에 닿아 냉각되어 맺힌다. 이 냉각된 액체가 소줏고리 어깨 부분에 달린 귀때(귓대)로 흘러내리면, 그

액체가 바로 맑고 투명한 소주이다. 방울방울 떨어지는 모습이 마치 이슬 방울이 똑똑 듣는 것과 같아서 소주를 노주(露酒)라고도 불렀다.

이러한 소주의 주조법을 증류(蒸溜)라고 하며 증류할 때의 불의 세기에 따라 소주의 맛과 질, 양이 달라진다고 한다. 증류주인 소주는 요즘 가장 대중적인 희석식 소주와 달리 아주 고급스런 술이었다.

술 마시는 데도 위아래가? ●
고려 때에는 이규보 같은 애주가에게 청천벽력 같은 일도 가끔 벌어졌다. 다름 아닌 금주령이었다. 큰물이 지거나 가뭄이 들었을 때, 나라에 초상이 났을 때, 술 빚는 데 들어가는 곡식을 아껴야 할 때 금주령이 내려졌던 것이다.

그러면 사회 분위기는 얼어붙었다. 주색에 빠져서 노비를 팔려고 하면 노비를 관에 압수당했다. 술을 마시고 노래 부르며 춤을 추다가 적발되면, 직(職)이 있는 자는 베 70필을 내야 했고 직이 없는 자는 곤장 77대를 맞아야 했다. 음주가무하는 이웃을 알면서도 고하지 않으면 베 50필을 물어야 했다.

이러한 금주령은 관료들뿐 아니라 일반 서민들로서도 큰 불편이 아닐 수 없었다. 통금 시간을 어겨 가면서 술을 마시다가 야경꾼에게 들켜 곤욕을 치르기까지 했던 술고래 이규보가 이런 사태를 맞아 가만히 있었을 리 없다. 그는 즉각 「국령으로 농민에게 청주와 쌀밥을 먹지 못하게 한다는 소식을 듣고」라는 시를 썼다.

"쌀밥을 말이나 개에게 먹이고 청주를 종들에게 마음껏 마시게 하면서도, 매일 힘들여 일하는 농민에게는 그들이 생산한 흰 쌀밥 한번 제대로 먹어 보지 못하게 하고 술 한잔 마음껏 마시지 못하게 하는" 현실을 개탄하면서 고위 관료와 부호를 비난한 시였다.

이 시를 보면 금주령은 국가가 그럴 필요가 있어서 내린 것이지만, 그 피해는 힘 없는 일반 서민이나 입었을 뿐 힘있는 관료나 부호는 전혀 구애받지 않았음을 알 수 있다.

이 같은 현실은 고려 말 윤여형이라는 사대부가 「상률가(橡栗歌)」에서 농민의 참상을 다음과 같이 절절하게 표현한 데서도 엿볼 수 있다.

"고위 관료와 부호는 농민의 토지를 빼앗고 조세를 이중, 삼중으로 물린다. 그러면서도 자기네 집에서는 하루 먹는 것이 1만 전어치나 되고 그 집 하인은 술에 취해 수레 위 비단 요에 토할 지경이다. 그 좋은 음식들이 모두 다 촌 늙은이 눈 밑의 피인 줄을 그자들이 어찌 알랴?"

▲ 몽골의 증류주 : '사아링 아르히라' 라는 증류주를 만드는 모습. 술을 빚는 원료는 완전히 발효된 아이락(보통 마유주라 함)이다. 한 몽골 남자가 빚어 낸 술을 항아리에 붓고 있다.

◉ 소주 이야기
고려 후기에 소주가 들어오면서 증류주인 소주는 전통 곡주인 탁주·청주와 함께 3대 주종으로 자리잡았다. 소주는 타이나 인도네시아에서는 '아라크', 원에서는 '아라길주', 만주어로는 '알키' 로 불렸고, 개경에서도 '아락주' 로 통했다. 전통 명주로 잘 알려진 안동 소주는 원이 일본 정벌을 준비하면서 이들 지역에 주둔시킨 군사들에게 소주를 공급하면서 만들기 시작했다고 한다.

현대에 대중의 벗으로 자리잡은 25° 짜리 값싼 소주는 안동 소주 같은 증류식이 아니라 주정에 물을 타서 주조한 희석식이다.

▶ 소줏고리 : 만화에 나오는 코주부처럼 생긴 이 단지가 소주라는 고급 술을 빚어 내는 요술 항아리이다. 누룩과 밥을 섞어 만든 주정을 솥에 넣고 끓여서, 증발해 오른 알코올 성분이 맺히게 한 다음 흘러내리게 하는 증류기.

▲ **13·14세기의 세계 지폐** : 1287년 원에서 발행한 '지원통행보초'라는 지폐. 원 세조(쿠빌라이)는 1260년 개인의 지폐 발행을 막고 유통 질서를 통일하기 위해 사(絲)를 태환 준비금으로 하는 '통행교초'와 은(銀)을 태환 준비금으로 하는 '중통보초' 두 가지 지폐를 발행했다. 그러나 중통보초를 마구 찍어 낸 결과 1287년(지원 24년)에는 액면가의 1/5로 가치가 떨어졌다. 이때 중통보초를 대신하여 발행한 지폐가 지원통행보초로서 이 지폐는 원나라가 망할 때까지 통화로 유통되었다.

▲ **금정·은정** : 금편(金片)·은편(銀片)이라고도 불리며 부(富)를 상징한다. 무게 48g. 크기 3.2×2.0×0.5cm.

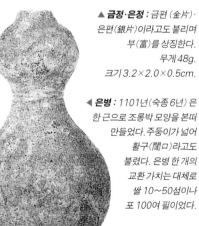

◀ **은병** : 1101년(숙종 6년) 은 한 근으로 조롱박 모양을 본떠 만들었다. 주둥이가 넓어 활구(闊口)라고도 불렸다. 은병 한 개의 교환 가치는 대체로 쌀 10~50섬이나 포 100여 필이었다.

13세기 어느 날, 원나라 심양 땅에 한 고려 젊은 이가 백금(白金 :당시에는 은을 일컫던 말)을 잔뜩 싸들고 나타났다. 그의 이름은 김천. 어머니와 동생이 이곳에 팔려 와서 힘겨운 생활을 하고 있다는 소식을 듣고, 어렵게 그들의 몸값을 마련해 수천 리를 달려온 참이었다.

그러나 혈육과 함께 고향으로 돌아갈 생각으로 가슴 부풀어 있던 김천은 눈앞이 깜깜해 왔다. 자신이 지니고 왔던 두 명 몫의 백금 값이 갑자기 한 명분으로 떨어진 것이었다. 김천과 같이 간 별장 수룡이 사정을 알아보고 오더니 말했다. 고려에서 수많은 사람들이 처자와 부모를 찾으려고 저마다 백금을 들고 온 탓에 심양 땅에 백금이 넘쳐흐른다고. 어떤 사람은 인삼이 비싸다는 것을 알고 가져왔으나, 너무 헐값이어서 이러지도 저러지도 못하고 있다고도 했다. 그도 그럴 것이 포로로 잡혀 끌려온 고려인만 약 21만 명. 이 많은 사람들의 가족이 고려에서 백금과 인삼을 싸들고 와 그들의 가족을 찾아가려고 했던 것이다.

은으로 자식 값을 한 김천 이야기 ● 그렇게 많은 백금이 한꺼번에 몰렸으니 백금 값은 떨어지고 사람 값은 천정부지로 오르는 것이 당

연한 일이었다.

김천은 어머니를 데리고 있는 요좌라는 사람의 집으로 수룡과 함께 가서, 몸값을 지불하고 어머니를 데려가기를 청했다. 그러나 요좌는 무슨 속셈인지 한사코 김천의 말을 들으려 하지 않았다. 그러더니 "내가 당신 어머니를 얼마에 산 줄 알기나 하시오?"라고 핀잔을 주며 당당히 웃돈을 요구했다.

김천은 값을 깎아 달라고 애걸복걸했으나 소용이 없었다. 주인은 이미 효성스런 김천이 어머니를 두고 갈 수 없으리라는 사실을 알았던 것이다. 김천은 하는 수 없이 어머니와 동생 몫으로 가져온 백금 55냥을 모두 주고 어머니만을 되찾을 수 있었다.

김천은 "살아만 있어 다오. 내가 꼭 돈을 마련하여 다시 오마"라고 다짐하며 동생을 얼싸안고 울었다(아래 그림 참조).

은 이야기 ● 고려에서 백금, 즉 은이 주요 교환 수단이 된 것은 원이 주도하는 세계 경제 질서에 들어가면서부터였다. 그 전까지는 화폐로 전통적인 물물 교환 수단인 쌀·베와 명목 화폐인 동전을 사용했다.

물론 은을 화폐로 전혀 쓰지 않았던 것은 아

◀ **효자 김천이 어머니 몸값을 치르다** : 고종 때 강릉 아전인 김천이 몽골 침입 때 잡혀간 어머니를 백금 55냥에 찾아오는 이야기를 4단락으로 나누어 그렸다. 이 그림 속에 보이는 저울은 원나라에서 사용했던 대저울로, 금이나 은을 다는 은칭(銀秤)으로 짐작된다. 조선 때 만든 『동국신속삼강행실도』에 수록되어 있다.

▲ **청동 추** : 은의 무게를 달아서 그 값어치를 평가하던 저울 추. 시장을 관할하는 관서에 비치되어 있었다. 고려 때는 중국과의 교역 때문에 중국 저울을 받아 들였는데, 1275년(충렬왕 2년)에는 저울 제도를 원나라에 맞추기도 했다. 사진의 추는 경상북도 경주 분황사에서 출토된 것. 높이 11.3cm, 무게 558g.

니다. 1101년(숙종 6년) 주전도감(鑄錢都監)에서 은병(銀甁 : 42쪽 사진 참조)을 주조하여 법이 정한 통화로 삼고 동전과 함께 유통시켰던 것이다. 그러나 은병은 워낙 값비싼 화폐였기 때문에 이것을 작게 만든 소은병이나 은 덩이를 잘게 자른 쇄은(碎銀)을 썼으며, 은전을 주조해서 쓰기도 했다.

그런데 은을 대외 결제 수단으로 쓰는 원나라의 영향을 받게 되자 은병이 더욱더 많이 필요하게 되었다. 원나라는 여러 가지 이유로 은이 부족해지자, 이를 보충하기 위해 고려에 지나치게 많은 은 공물을 요구했다. 또 선물 등의 명목으로 수많은 은을 빼앗아 갔으며, 고려의 은 산지에 관리를 직접 파견해 채굴해 가려고도 했다.

은에서 지폐로 ● 중국 화폐는 원래 은 본위제였다. 그러나 10세기 중반부터 약 3세기 동안 동부 이슬람 지역으로 은이 잔뜩 빠져 나가는 바람에 만성적인 은 부족 상태에 빠졌다.

그러자 원나라는 1287년에 '보초(42쪽 사진 참조)'라는 지폐를 만들어 통화로 채택했다. 그 무렵 중국에서는 회자(會子)라는 일종의 약속어음이 유행하고 있었다. 원은 남송을 멸망시킨 뒤 남송에서 유통되고 있던 회자를 원나라 지폐인 보초로 교환해 주어 유통 경제를 안정시켰다.

요컨대 은병이나 동전, 쌀이나 베 따위 다른 교환 수단을 억제하고 원 정부가 지불 보증한 보초를 사용하도록 해서 세계 경제 질서를 원 제국 중심으로 만들고자 했던 것이다.

지폐 이야기 - "진정한 현자의 돌" ● 중세 서양의 연금술사들은 비금속을 순금 같은 금속으로 만들 수 있는 신비의 재료가 있다고 믿었다. 그리고 그 미지의 물질을 '현자의 돌'이라고 불렀다. 원나라를 여행했던 이탈리아 인 마르코 폴로는 새로운 통화 질서를 만들어 낸 보초야말로 '진정한 현자의 돌'이라고 했다. 그러면서 "대칸(몽골 황제)의 영토 어디를 가든지 이 지폐로 순금처럼 쉽게 매매할 수 있다. 모든 사람이 이 지폐를 기꺼이 받아들이기 때문이다"라고 말했다.

이처럼 몽골 제국 어디에서든지 통용되는 종이돈은 상거래를 촉진했다. 원 정부가 직접 지급을 보증하는 보초는 고려가 원과 무역할 때에도 간편한 지불 수단이었다.

고려에서 유통된 보초는 '지원통행보초'와 '중통보초' 두 가지였다. 고려의 지배층과 대상인 사이에서는 갖고 다니기 편한 보초가 별 저항 없이 유통되었다. 그러나 보초가 워낙 한꺼번에 많이 들어오는 바람에 갑자기 물가가 뛰어올랐다. 그러자 소상인과 백성은 현물로 거래하는 것을 선호하고 보초 사용하는 것을 꺼렸다.

원이 쇠퇴할 즈음에는 보초 가치가 더 떨어져 이것을 많이 갖고 있던 관리와 대상인은 큰 손해

를 보았다. 14세기 후반 고려에서는 이 보초를 본떠 저화(楮貨)라는 지폐를 발행하고 정부가 지불을 보증하기도 했다.

세계 경제의 탄생 ● 그렇다면 이처럼 지폐를 매개로 유라시아 대륙을 하나의 교역망으로 묶는 세계 경제는 어떻게 태어났을까?

몽골 헤게모니를 뒷받침해 주는 역참제(44쪽 참조)는 유라시아 전역에서 없어서는 안 될 유통의 기반 시설이었다. 역참제는 고대 말에 폐쇄되었던 '실크로드'를 다시, 더 크게 열었다.

몽골 제국이 그토록 많은 학살을 저지른 끝에 이러한 통행과 무역의 자유를 가져왔다는 것은 역사의 아이러니가 아닐 수 없다.

이러한 기반 위에서 쿠빌라이는 당시 유라시아에서 가장 규모가 컸던 중국 경제력을 바탕으로 하고, 이슬람 상업권을 전면적으로 활용하는 경제 체제를 구상했다. 그리고 '동료조합'을 뜻하는 '오르톡'이라는 기업 조직을 국가 경영에 끌어들였다.

이로써 몽골 제국은 중앙 재정을 농업 생산물에서 나오는 조세 수입에 의존하지 않아도 되었다. 전매와 통상의 이윤만으로 세입의 80～90%를 충당할 수 있었기 때문이다. 당시 최대 수입원은 소금의 교환권인 염인(鹽引)을 판 대금. 은화를 보조하는 화폐였던 염인은 보초의 발행과 지폐 본위제를 앞당겼다.

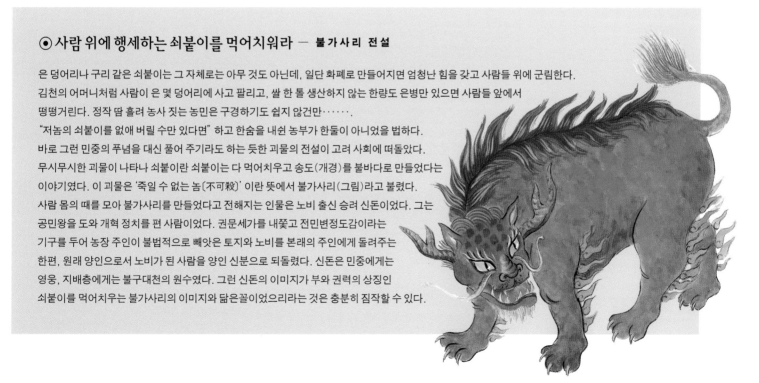

⊙사람 위에 행세하는 쇠붙이를 먹어치워라 ─ 불가사리 전설

은 덩어리나 구리 같은 쇠붙이는 그 자체로는 아무 것도 아닌데, 일단 화폐로 만들어지면 엄청난 힘을 갖고 사람들 위에 군림한다. 김천의 어머니처럼 사람이 은 몇 덩어리에 사고 팔리고, 쌀 한 톨 생산하지 않는 한량도 은병만 있으면 사람들 앞에서 떵떵거린다. 정작 땀 흘려 농사 짓는 농민은 구경하기도 쉽지 않건만……. "저놈의 쇠붙이를 없애 버릴 수만 있다면" 하고 한숨을 내쉰 농부가 한둘이 아니었을 법하다. 바로 그런 민중의 푸념을 대신 풀어 주기라도 하는 듯한 괴물의 전설이 고려 사회에 떠돌았다. 무시무시한 괴물이 나타나 쇠붙이란 쇠붙이는 다 먹어치우고 송도(개경)를 불바다로 만들었다는 이야기였다. 이 괴물은 '죽일 수 없는 놈[不可殺]'이란 뜻에서 불가사리(그림)라고 불렸다. 사람 몸의 때를 모아 불가사리를 만들었다고 전해지는 인물은 노비 출신 승려 신돈이었다. 그는 공민왕을 도와 개혁 정치를 편 사람이었다. 권문세가를 내쫓고 전민변정도감이라는 기구를 두어 농장 주인이 불법적으로 빼앗은 토지와 노비를 본래의 주인에게 돌려주는 한편, 원래 양인으로서 노비가 된 사람을 양인 신분으로 되돌렸다. 신돈은 민중에게는 영웅, 지배층에게는 불구대천의 원수였다. 그런 신돈의 이미지가 부와 권력의 상징인 쇠붙이를 먹어치우는 불가사리의 이미지와 닮은꼴이었으리라는 것은 충분히 짐작할 수 있다.

역참 | 고려는 지금 여행 중

고려에는 개경을 중심으로 525군데의 역이 있고,
이 역들은 22역도(驛道)로 묶여 있었다. 그 가운데
8역도는 수도인 개경 북쪽, 14역도는 그 남쪽에
있었다(『고려사』). 지금은 건설교통부가 도로를
관리하지만, 당시에는 병부(지금의 국방부)가 맡았다.
병부 아래 공역서라는 관청은 지방으로 보내는 문서가
격식을 갖추었는지, 전령이 규정된 수의 말을
사용하는지 감독했다. 이 일을 담당하는
관리가 관역사였다.

◀ 고려 시대의 5도 양계와 육로도
22역도의 구성을 보면,
지방 간 거점 도시와 생활권을
하나의 역도로 묶었음을
알 수 있다.

파주(봉성) 혜음원지 : 벽제
삼거리에서 지방 도로 311번을
따라 가다 보면 파주군 광탄면과
접경하고 있는 혜음령을
넘는다. 이 고개는 그늘이 져서
나그네들이 그늘의 은혜를 입는다
하여 '혜음' 이라는 이름을 얻었다.
예종(1120~1122년 재위)이 묘향산
스님에게 세우게 한 혜음사와
사찰에서 운영한 혜음원,
행궁도 함께 있었다. 1, 2차 발굴에서
숙박 시설과 여행객을 위한
세탁 및 목욕 시설도 갖춘
것으로 밝혀졌다.

━━━ X자형 주요 역로망
━━━ 지방의 주요 간선로
─── 각 지역의 생활권
● 경
○ 목
◉ 도호부
● 주현
○ 속현

원나라 황제의 스승인 제사(帝師)가 보낸 문서
가 원나라 수도 대도(大都 : 중국 베이징 근교)를
떠나 전라남도 나주에 있는 송광사에 도착했다.
이것은 단순한 문서가 아니라 원나라 최고 지위
의 승려 자격으로 보낸 A급 공문서(45쪽 사진 참
조)였다. 따라서 멀고 험한 길이라도 신속하게
달려서 안전하게 전달해야 했다.

몽골 세계 제국과 고려를 묶는 역참망을 따라
그 문서가 전달된 경로를 추적해 보자.

3일 특급 택배 ● 대도와 개경을 잇는 교통로
는 육로와 바닷길이 있었다. 바닷길은 보름 정
도 걸렸으므로 비교적 짧았지만, 바다가 위험한
데다 대도가 북쪽에 있었으므로 무겁고 양이 많
은 물품이 아니면 주로 육로를 이용했다.

원나라 문서는 북아시아를 가로지르는 역참
로를 따라 개경의 전리부에 전달되었다. 이 길
은 사람이 걸으면 한 달이 걸리지만 숙련된 역
졸이 릴레이로 말을 달리면 절반 이상 단축되었
다. 역참을 관장하는 관청인 공역서가 문서를
받으면 이를 가죽 주머니에 넣어 청교역으로 보
내고, 이것을 역졸들이 역에서 역으로 릴레이식
으로 전송했다.

중요하고 긴급을 요하는 문건은 방울 세 개를
달고, 중요도에 따라 차례로 두 개와 한 개를 달
았다. 역졸이 천천히 달릴 수도 있기 때문에 이
에 대한 규제도 마련했다. 2~7월에 방울 세 개
달린 문서를 가진 역졸은 하루에 여섯 역을 지
나야 하고, 두 개짜리는 다섯 역, 한 개짜리는 네
역을 달려야 했다. 그리고 8월부터 정월까지는
각각 역 하나씩을 줄여서 달리게 했다.

원나라 제사가 보낸 문서는 청교도를 지나 광
주도→충(주)청주도→전(주)공주도→승(주)
나주도의 담양·광주·나주·화순 길을 이어
달려 3일 만에 안전하게 송광사에 도착했다.

역 위의 사람들 ● 역에는 책임자인 역장과
역리, 역정이 있었다. 역리는 문서를 전달하고
필요한 말을 뽑으며 사람을 충원하는 일을 하는

사람이었고, 역정은 직접 문서를 들고 뛰거나 사신의 심부름을 하는 사람이었다.

역은 사람이나 문서를 다음 역으로 보내기 위해 숙식과 말 등 각종 서비스를 제공하는 곳이었다. 역에서 제공하는 말은 이용자에 따라 그 숫자가 정해져 있었다. 2품 이상 고급 관리는 열 마리, 그 아래 관리는 일곱 마리를 받았다.

사신이나 승려가 역에 부당한 요구를 하는 일도 있었다. 어떤 승려는 영접이나 음식 대접이 소홀하다며 역리나 역정을 매질하기도 했다. 사신의 노비가 주인을 빙자해 공적으로 사용해야 할 말을 함부로 타고 돌아다니기도 했다. 또 개인적 영리를 취하려고 역을 이용해 특산물을 운송하는 자도 있었다.

원나라 가는 길에 꼭 있어야 할 사람 ● 지금까지 원나라에서 개경을 통해 호남 지방까지 갔으니, 이번에는 그 역참로를 따라 원나라로 가는 길에 눈을 돌려 보자.

세자였던 충렬왕이 대도를 향해 갈 때 동행한 사람들 중에 특히 눈에 띄는 사람이 한 명 있었다. 그는 혀를 놀리는 사람이라는 뜻에서 '설인(舌人)'으로 불리는 통역관 조인규였다.

그가 어린 시절 학업에 열중하고 있을 때, 나라에서 영민하고 재능 있는 아이를 뽑아 몽골 어를 가르친다는 소식이 들려 왔다. 그는 이 선발 시험에 참여했으나 떨어지고 말았다.

조인규가 일반 과거를 통해 관리가 되는 길을 택하지 않고 통역관이 되려고 했던 이유는 알 수 없다. 아무튼 그는 한 번의 실패에 좌절하지 않고 3년 동안 밤낮으로 몽골 어 학습에 전념한 끝에 마침내 시험에 합격했다.

그가 통과한 시험은 과거 시험의 일종인 역과였다. 시험 과목은 한어(중국어)·몽골 어·여진어·일본어 등 4과가 있었다. 고려가 몽골과 강화하기 전 송나라와 돈독한 관계였을 때는 외국어로 한어가 중시되었지만, 원 간섭기에는 몽골 어를 최고로 쳤다.

몽골 어 역관으로서 충렬왕과 친분을 쌓은 조인규의 인생은 탄탄대로였다. 그는 충렬왕이 즉위하자 장군의 자리에 올랐고, 4년 뒤에는 궁궐에서 중요한 기밀 업무를 맡아 보는 '필도치'에

임명되기도 했다. 조인규의 출세 가도는 고려 안에서만 그치지 않고 역참망을 따라 대도까지 뻗어 나갔다. 그의 몽골 어 실력을 높이 산 세조 쿠빌라이가 원나라 관직인 선무장군까지 내렸던 것이다.

제국의 수도로 가는 길 ● 고려인이 역참을 따라 몽골 제국의 수도까지만 갔던 것은 아니다. 많은 사람이 잘 발달한 역참망을 통해 제국의 이곳 저곳을 왕래했다.

동쪽 끝에서 서쪽 끝까지 말을 타고 최소한 200일이 걸렸다는 몽골 제국. 그런 넓은 땅을 관통하는 역참망을 어떻게 건설했을까?

베네치아 상인으로 몽골 제국을 여행한 마르코 폴로의 견문록을 보면 그 역참망이 어떻게 이루어져 있었는지 알 수 있다. 그는 도로를 따라 25~30마일마다 하나씩 설치된 '매우 크고 멋있는 숙사'는 물론, 도로에서 벗어난 초원이나 사막에서도 숙사와 말과 마구 등을 갖춘 역참이 배치되어 있었다고 적었다(『동방견문록』).

다른 중국 왕조의 역참제는 도로망을 효율적으로 이용하기 위해 만든 것이었다. 그러나 몽골의 역참제는 원래 도로 자체가 존재하지 않는 초원에 만들어졌다. 다른 국가의 역참제가 도로를 근간으로 하는 '선'의 네트워크였다면, 몽골 제국의 역참제는 도로가 없는 사막과 초원까지도 포함하는 '점'의 네트워크였던 것이다. 그 미세한 신경망에 의해 주변의 모든 정보는 중앙에 시시각각 보고되었고, 중앙 정부는 그 정확한 정보를 바탕으로 거대한 제국을 유지할 수 있었다.

이러한 '점'의 네트워크를 확립한 사람은 칭

▲ 원의 대도에서 온 공문서 : 다리가 긴 행서체(長脚行書體)의 티베트 문자로 쓴 '대원(大元) 울루스 명령문'. 원나라 불교계의 최고 권위자인 제사(帝師)가 고려 수선사(修禪社)의 원감국사 충지(冲止)에게 보낸 공문서이다. 원나라 문서가 티베트 어로 씌어진 것은 티베트 불교(라마교)가 원나라의 국교였기 때문이다.

기즈칸의 아들 오고타이였다. 그는 드넓은 제국의 각 지점에서 몽골 초원의 카라코룸까지 신속하게 도달할 수 있도록 주요 거점을 따라 일정한 간격으로 역참을 배치했다.

역참은 몽골 어로 '잠'이라고 불렸으며, 역참의 '참'도 이 말에서 유래했다. '잠치'라고 불린 역참 관리인은 공무로 여행하는 전령이나 관리·사신이 패자(牌子 : 44쪽 사진 설명 참조)라는 증명서를 보여 주면 숙박 시설·수레·말·식량 따위를 제공했다.

▶ '박 선생 중국어 교실' — 고려 통역관의 휴대용 중국어 단어집 : 고려 때 지어진 중국어 단어집인 『박통사(朴通事)』를 1765년(영조 41년) 한글로 풀이한 『박통사신석언해』. 일상생활에 관한 예문이 풍부하게 들어 있다. '박통사'는 박씨 성을 가진 통역사라는 뜻으로, 이 책의 제목은 요즘 말로 하면 '박 선생 중국어 교실' 쯤이 될 것이다. 『박통사』는 중국어 회화집인 『노걸대』와 함께 고려 말에 나온 중국어 교과서로 알려져 있다.

▶ 잘 기른 말은 탐라의 자랑 : 탐라는 1276년 (충렬왕 2년)부터 원의 목마장이 되었다. 이때 한라산 기슭에 말 160필을 방목했다. 고려에서는 수시로 사람을 탐라에 보내 목장을 감독하게 하고 탐라산 말을 징발하기도 했다. 이 무렵 탐라에는 자생하는 말 외에도 2만~3만 필의 말이 방목된 것으로 알려졌다. 그림은 조선 시대에 그려진 「탐라순력도」 중 공마봉진(말을 공물로 바친다는 뜻) 장면. 말들이 차례로 불려 나와 발육 상태와 건강 상태를 검사받고 있다.

▼ 말테우리 - 제주도의 목자(牧者) : '테우리' 라는 목자는 수렵이나 목축 생활을 할 때 입는 방한 의류로 가죽 감투(모자)·가죽 두루마기·가죽신을 착용한다. 여름철 비옷으로는 우장(도롱이)을 입는다.

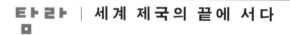

탐라 | 세계 제국의 끝에 서다

대도를 출발하여 역참망을 따라 고려로 내려오다가 땅 끝 남해안에 이르면 말은 더 달릴 수 없다. 바다가 가로막고 있기 때문이다. 그러나 그 바다 너머 탐라(지금의 제주도)는 몽골 제국의 역참망에서 매우 중요한 의미를 지닌 곳이다. 핵심 교통 수단인 말을 길러 내는 대규모 목장들이 바로 탐라에 있었기 때문이다.

그래서 몽골 제국은 고려의 독립을 인정하면서도 유독 탐라만은 직할령으로 삼아 탐라총관

◀ 돌하르방 : 몽골 석인상인 훈촐로의 영향을 받아 만들어졌다고 한다. 돌하르방은 제주도 말로 '돌할아버지' 란 뜻으로 우성목·무성목·옹중석 등으로 불린다. 돌하르방은 성문 입구에 서로 마주 보도록 배치되어 있다. 벅수·장승과 같이 사악한 것을 막아 주는 주술적인 수호신 같은 존재로, 마을의 안녕을 도모하는 역할을 한다. 또 성 안과 밖을 나누는 경계이자, 성문 출입이 제한된다는 표시이기도 했다. 돌하르방은 현재 47기가 남아 있다.

부를 두고 직접 다스렸다. 1294년(충렬왕 20년) 원나라는 고려의 끈질긴 요청을 이기지 못해 탐라의 행정권을 고려에 돌려주었지만, 목마장만은 넘겨 주지 않고 직접 운영했다.

탐라는 몽골 세계 제국의 끝에서 그 제국의 유통망에 끊임없이 새로운 동력을 공급하는 경제 특구 가운데 하나였다.

고려도 몽골도 아니었던 탐라 ● 고려와 몽골에게 탐라는 정녕 '탐나는 땅'이었다. 소유권 다툼을 벌일 만도 했다. 그러나 탐라 사람의 입장에서 보면 그러한 다툼은 이중으로 수탈당하는 비극을 의미할 뿐이었다.

본래 탐라는 고려나 몽골은 물론 다른 어떤 나라에도 속하지 않고 자기만의 오랜 신화와 역사를 간직하고 있었던 섬나라였다.

탐라의 개벽 신화인 3성(三姓) 신화를 보자. 아주 오랜 옛날 고을나·양을나·부을나 세 신이 한라산 북쪽 모흥혈(지금의 삼성혈)이라는 땅에서 솟아 나왔다. 가죽옷을 입고 사냥을 하며 살던 그들은, '벽랑국'이라는 나라에서 오곡 씨앗과 송아지·망아지 등을 갖고 탐라 동쪽 해상으로 들어온 세 공주를 맞아 혼례를 올렸다.

탐라는 기원 전후에 이미 국가 형태를 갖추고 있었고, 그 무렵부터 한반도 남부의 여러 국가들과 교류를 하고 있었다. 고려 시대에도 탐라는 그 역사적·지리적 특성 때문에 한동안 중앙 정부와 일정한 거리를 두고 있었다. 고려 정부는 탐라의 성주 같은 토속 지배자를 인정하고, 이들을 통해서 간접적으로만 탐라를 다스렸다. 그러다가 탐라가 고려의 한 지방으로 정착된 것은 12세기 들어서의 일이었다(상자글 참조).

사람은 서울로, 말은 탐라로 ●
1149년(의종 3년), 온 고려와 탐라가 들썩거렸다. 탐라 성주 출신 고유의 아들 고조기가 고려 정부의 평장사(平章事)에 임명되었기 때문이다. 고려 역사상 처음으로 탐라 출신 재상이 나왔던 것이다. 이것이야말로 탐라가 확실히 고려의 일부가 되었음을 알리는 역사적 사건이었다.

'탐라의 희망' 고조기가 고려의 과거인 제술과에 급제한 것은 1107년(예종 2년)의 일이었다. 그의 아버지 고유가 1045년(정종 11년) 외국인 자격으로 고려의 빈공과(외국인에게 보이는 과거)에 합격했던 것과 격세지감을 느끼게 하는 일이었다.

고조기는 자신이 응시했던 과거 시험을 주관한 임의(任懿)와 돈독한 인연을 맺었다. 당시 고려에서는 과거를 주관한 좌주와 급제자인 문생이 스승과 제자 같은 관계를 맺어 평생 서로 당겨 주고 밀어 주는 풍토가 일반적이었다. 고조기는 개경의 문벌 출신인 임의를 정치적 스승으로 삼아 그의 도움으로 재상에까지 올랐다.

고조기의 인생은 그 자체가 탐라와 고려가 하나가 되는 과정의 축소판이었다.

탐라에 진 삼별초의 혼 ●
탐라 출신이 처음으로 고려의 재상이 된 지 1백여 년 만에 탐라는 고려 전체의 운명을 결정짓는 '뜨거운 감자'로 역사의 전면에 떠올랐다. 1271년(원종 12년) 5월, 대몽 항쟁을 계속하던 삼별초는 진도의 용

장산성이 함락되자 탐라로 들어와 이곳을 최후 거점으로 삼았다. 몽골에 항복한 고려 정부에 반기를 든 삼별초와, 고려 정부의 통치 방식에 거부감을 보이던 탐라 사람들은 힘을 합쳤다.

탐라에 들어온 삼별초군은 몽골 군의 침입에 대비해 단단한 방어 시설을 마련했다. 먼저 애월읍에 항파두성(아래 사진 설명 참조)을 쌓아 거점으로 삼았고, 몽골 군의 상륙을 차단하기 위해 해안을 따라 긴 성도 쌓았다.

몽골은 일본 정벌의 전초 기지를 확보하기 위해서도 삼별초를 없애고 탐라를 차지해야 했다. 1273년(원종 14년) 4월 9일, 고려·몽골 연합군 1만 5천 명은 160척의 배에 나누어 타고 영산강을 출발, 추자도를 거쳐 제주로 향했다. 일부는 동쪽 해안인 함덕포에 상륙하고, 일부는 애월에서 약간 서쪽으로 있는 한림 해변에 상륙했다. 항파두성을 공격할 때는 이전에 안 쓰던 화약 무기까지 동원했다. 그렇게까지 하고서도 고려군 사령관 김방경이 개경에 승전보를 알린 것은 20일이나 지난 4월 28일이었다.

이로써 처음에는 고려가 아니었던 탐라는 고려 역사상 가장 참혹했던 전쟁을 피로 마무리하는 고려 최후의 항전지가 되면서 오히려 가장 고려적인 땅으로 남았다.

제주도는 삼국 시대에 '탐라국'이라는 섬나라로 처음 우리 역사에 등장했다. 고려 중앙 정부는 1105년(숙종10년)부터 '탐라군'이라는 이름으로 제주도를 직접 다스리기 시작했다. 이때부터 지방관의 지나친 조세 수탈로 제주도는 중앙 정부에 반기를 드는 항쟁의 땅이 되곤 했다.

❶ 항파두성 : 북제주군 고성리 일대의 삼별초 항몽 유적지. 15리에 달하는 토성 안에 700m 정도의 석성이 있었다. 성 위에 재를 뿌렸다가 적이 오면 꼬리에 빗자루를 단 말을 그 위로 달리게 하여 재가 일어나 성이 보이지 않게 했다. 제주도 기념물 28호.

❷ 법화사터 기와 보도와 청동 등잔 : 법화사는 서귀포시 하원동 일대에 위치한, 제주도의 대표적인 사찰의 하나. 조선 초에는 노비 280명을 두었다고 한다. 1992년 법화사터 발굴 과정에서 발견된 기와 조각에 새겨진 글을 통해 1297년(충렬왕 5년)에 새로 지었음을 알 수 있다.

❸ 수정사지에서 나온 석탑의 부속 재료 : 수정사는 제주시 외도동 일대에 자리 잡은 절로 고려 시대에 창건되었다. 9~10세기의 순청자와 18세기 중엽의 백자를 비롯해 '만호(萬戶)'라고 새겨진 기와가 나왔다. 금동 제품과 다듬 석탑의 면석(사진)에 음각된 인왕상은 고려 시대의 걸작.

❺ 원당사지(현 불탑사) 5층 석탑 : 제주도에 남아 있는 유일한 불탑임과 동시에 세계에서 유일한 현무암 불탑. 기단부에 박쥐 모양이 새겨져 있는 것이 특색이다. 몸돌에는 장식이 없으며, 지붕돌 역시 치장 없이 네 귀퉁이 처마 끝만 살짝 올렸다. 제주시 삼양1동 원당봉 아래 자리 잡고 있다. 보물 1187호.

● 몽고병(蒙古瓶)으로 불리는 사이호(四耳壺) : 몽골 군이 주로 사용했다고 해서 '몽고병'이라 불린다. 네 개의 귀는 끈을 꿰어 들거나 묶기 위한 것이다. 대부분 술병으로 사용된 것으로 보인다.

❹ 제주목 관아지와 우물터 : 1105년 탐라가 고려의 군현으로 편입된 후 대촌현으로 불린 행정 중심지. 제주시 삼도 2동 소재. 사적 380호.

14세기 동아시아 교역품 열전

1975년 5월, 전라남도 신안군 증도면 방축리 앞바다에서 고기잡이를 하던 한 어부의 그물에 옛 도자기 6점이 걸려 나왔다. 이 우연한 발견은 우리 나라 발굴 역사상 전례가 없던 수중 발굴로 이어졌고, 문화재청은 14세기 동북아시아의 교역선이었던 원나라 때의 배 한 척과 수많은 무역품을 인양하는 성과를 올렸다(1976~1984년). 그곳에서 나온 고려·원·일본 3국의 각종 유물 2만 2천여 점은 세계 수중 고고학 사상 보기 드문 양과 다양성을 자랑하며, 중세 동북아시아의 사회·경제상, 교역사(交易史), 공예미술 연구에서 한 단계 진전을 기약하는 것이었다.

많은 유물 가운데 특히 관심을 끈 것은 항해 시기와 출항지, 목적지를 알려주는 화물표인 목패(木牌)와 동전, 저울추였다. 이 유물들을 통해 신안 해저 유물선은 14세기 초 원나라 경원(慶元 : 지금의 닝보)을 출발하여 일본 규슈〔九州〕의 하카다〔博多 : 지금의 후쿠오카〕를 향해 가다가 신안 앞바다에서 난파된 것으로 추정되며, 현재 고려에도 머물렀는지에 대한 연구가 진행되고 있다.

◀ **청백자 보살상(靑白磁菩薩像)** 중국 원나라. 신안 해저유물선에서 인양된 도자기 가운데 백자는 대부분 중국 경덕진요에서 생산된 것으로서, 그릇의 두께가 얇고 청백색의 투명한 유약을 입힌 청백자이다. 이 청백자 보살상은 선원들의 건강과 배의 안전한 항해를 빌기 위해 제단을 만들고 설치한 것으로 보인다. 높이 22.6cm, 폭 8.2cm. 신안만에서 인양된 도자기는 모두 20,661점이며, 청자·청백자·백자류가 대부분이다. 흑유(黑釉)·토기류(土器類) 등도 있다.

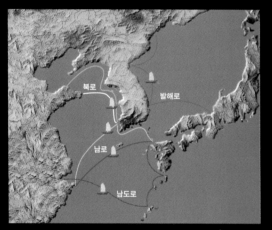

▲ **14세기 동북아시아 교역로**

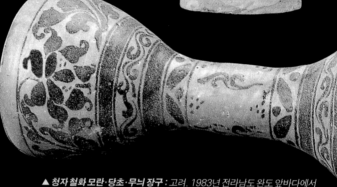

▲ **청자 철화 모란·당초·무늬 장구** : 고려. 1983년 전라남도 완도 앞바다에서 또 한 척의 유물선이 발견되었다. 이 배는 길이 7m, 높이 1m 정도의 외돛배로 신안 유물선과 달리 우리 나라 연안을 오가며 도자기와 그 밖의 용품을 조달하던 배였다. 장구 같은 악기도 청자로 만들었다는 사실이 이채롭다. 길이 51.3cm, 지름 19.2cm.

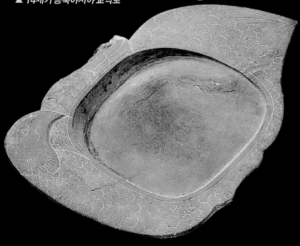

▲ **새 모양 벼루** : 중국 원나라. 높이 1.5cm. 길이 19.3cm. 너비 13.0cm. 신안 유물선에서 인양된 석제 유물은 대부분 문방구와 일상 용구이다. 벼루 20점, 맷돌 2조, 석판, 추, 방추차 등 모두 43점이다.

◀ **먹 조각** : 중국 원나라. '수봉친제(秀峯親製)'라는 명문이 있어 '수봉'이라는 사람이 직접 만들었다는 사실을 알 수 있다. 무늬는 양각했다. 길이 17cm쯤으로 짐작된다.

▶ **백유 철화 파도·꽃 무늬 병** : 중국 원나라. 입 부분과 아랫부분은 흑갈색유로 덮여 있고 몸통에는 흰색 바탕에 철화로 무늬를 그렸다. 목과 몸 전체에 엉킨 가지 무늬가 그려져 있고, 몸통 앞뒤에 각각 파도 무늬와 꽃 무늬가 그려져 있다. 높이 14.5cm, 입지름 2.9cm, 밑지름 5.3cm.

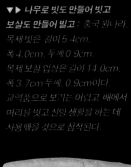

▼▶ 나무로 빗도 만들어 빗고
보살도 만들어 빌고 : 중국 원나라.
목제 빗은 길이 5.4cm,
폭 4.0cm, 두께 0.9cm,
목제 보살 입상은 길이 14.0cm,
폭 3.7cm 두께, 0.9cm이다.
교역품으로 보기는 어렵고 배에서
머리를 빗고 신앙 생활을 하는 데
사용했을 것으로 짐작된다.

▲ 동전 : 약 28톤, 약 800만 개.
동전의 종류는 화천(貨泉, 14년)에서부터
지대통보(至大通寶, 1310년)에 이르기까지 66건
299종에 이른다. 동전의 크기나 종류에 관계없이 실려 있는 것으로
보아 일본에서 화폐로 쓰이거나 금속 제품이나 동전의 주조
원료로 활용되었을 것으로 보인다. 지대통보(1310년) 이후의
동전은 발견되지 않은 것에서 신안선의 침몰 연대를 가늠할 수 있다.

▲ 주석정 : 중국 원나라. 화폐나 금속 제품을 만들 때
합금 원료로 사용하기 위한 원자재. 사각형과 타원형
두 종류가 있다. 길이 22.3cm (오른쪽).

▲ 주사위와 장기말 : 뼈를 재료로 해서 정교하게 만든 1cm 정도의
작은 주사위와 '금장'·'계마'·'항차' 등이라고 씌어진 일본의
장기말. 이런 놀이 기구들은 지루한 선상 생활 중에 여가를 즐길 때
사용한 것으로 보인다.

▲▶ 목패와 나무 상자 : 목패는 화물주, 연월일, 화물의 무게 등이 적혀
있는 일종의 화물표이다. 신안 해저 유물선의 화물 선적일 '1323년'.
목적지(일본 교토 도후쿠지), 화물 주인, 화물 내용 등이 적혀 있어 신안선의 역사적 배경을 이해하는 데
결정적인 도움을 준다. 나무상자는 사각형과 원형이 있는데, 먹으로 '대길'이라는 글자를 썼다.
후추나 자기 등을 담는 데 쓴 적재용 상자로 짐작된다.

⦿ 어떤 식품을 사고 팔았을까?

여지핵(왼쪽 사진 가운데)은 중국에서 2000년 전부터 재배하
던 과일로 당 현종이 양귀비에게 선물로 주고 오물오물 씹는 입
모양을 즐겼다는 일화로 유명하다. 빈낭(아래)은 열대산 과일로 요
즘의 자일리톨처럼 구강청정제나 기호품으로 널리 쓰였다.
신안 해저 유물선에서 발견된 식품류는 17과 21속 25종에 이른다. 눈에 익은
것만 살펴보아도 후추(위)·산수유·복숭아씨·은행·매실·호도·개암나무·밤·계피(오른쪽)·생강 등 적지 않다. 특히 후
추는 향신료로 대단히 인기가 높은 교역품으로, 신안 유물선에서도 후추가 가득 담긴 나무상자가 발견되었다. 이 후추는
고려에 수출하기 위해 배에 실렸을 것이라는 설도 있다. 이들 식물은 주로 중국 남부 지방과 인도·말레이시아 등 아열대
지역에서 재배된 것으로, 당시 식품류의 교역 범위가 얼마나 넓었는지 짐작할 수 있게 해 준다.
위 맷돌은 원나라 것으로, 항해 중 선원들이 음식을 해 먹을 때 쓴 물품으로 생각된다. 높이 1.5cm, 너비 13.0cm.

변화의 길목에서

30년의 전쟁은 아무 것도 아니었다. 100년에 걸친 몽골의 간섭도 문제가 될 수 없었다. 그 이전부터 고려 사회 내부에서 꿈틀거리고 있던, 근본적인 변화를 향한 욕망의 거대함에 비하면. 몽골이 일으킨 천둥과 번개도 이러한 욕망을 잠재우지 못했다. 밑바닥 민중으로부터 시작된 변화의 움직임은 130년의 잠복기를 거쳐 빨라지기 시작했고, 상층부에서도 누군가는 이러한 움직임에 대응해야 했다. 그 누군가가 바로 성리학으로 무장한 신흥 사대부였다.

농업 | 땅에서 올라온 개혁의 요구

1391년 전라도 나주에 속한 거평 부곡에 유배당한 신흥 사대부 정도전은 소재동이란 마을에서 농부 황연의 집에 세 들어 살았다. 이 마을은 북쪽에는 높은 봉우리와 고개가 잇달아 있고, 남쪽에는 넓은 들판이 펼쳐져 풍광이 아름다웠다. 드문드문 심은 대나무로 울타리를 대신한 민가는 아담해서 정도전 같은 타향사람도 정 붙이고 살 만했다. 순박한 사람들은 농사 짓는 것을 천직으로 생각하며 열심히 살아가고 있었다.

농촌에 간 사대부 ● 정도전은 이곳에서 자유롭게 살았다. 틈만 나면 김성길, 김천 형제나 안심 스님처럼 글줄이나 읽을 줄 아는 동네 사람들과 술을 마시며 어울렸다. 그러나 정도전이 염치없이 놀기만 한 것은 아니었다. 그는 농사꾼을 만나면 싸리포기를 깔고 앉아 소출은 얼마나 되는지, 먹고는 살 수 있는지, 농사는 어떤 방식으로 짓는지를 물으며 노고를 위로하곤 했다. 아니, 위로에서 그친 것이 아니라 그의 마음속에서는 부패한 고려 사회를 개혁하기 위해, 먼저 농업 기술을 발전시켜 생산력을 높이고 농민의 삶을 개선하겠다는 구상이 꿈틀거리고 있었을 것이다. 이것은 당시 정도전 같은 사대부라면 누구나 품고 있었던 생각이니까.

개간 : 12세기 무렵부터 국가와 개인이 앞다투어 저습지와 연해 지역을 개간해서 농토를 넓혔다. 안목이란 사람은 경기도 파주 서교 임진강 하류에 있는 저습 지대를 개간해서 '수만 경(1경＝3000평)'에 이르는 농장과 1백여 호의 노비를 소유했다.

▲ 이색의 『목은집』에 실린 『농상집요(農桑輯要)』 후서
『농상집요』는 원에서 수입해 1372년 간행한 농서이다. 원의 가혹한 수취로 몰락한 농업을 복구하기 위해 지방 사회에서 권농을 담당하던 지방관이 중심이 되어 간행했다. 고려에서는 독자적인 농서를 편찬하지 않고 이처럼 중국 농서를 도입해 이용했으며, 이를 통해 독자적인 농학이 성립할 수 있는 기초를 마련해 나갔다.

모내기 실험 : 농촌에서 신흥 사대부와 농민이 모를 심는 '발이재지법(拔而栽之法)'을 실험하고 있다. 14세기 초반 최해와 박효수의 시는 비가 오지 않아 농가에서 모내기를 못하는 바람에 많은 사람이 굶주렸다는 사실을 말해 준다. 모내기가 잘 되려면 물을 잘 댈 수 있어야 하므로 고려 후기에는 남부 지방 일부에만 보급된 것으로 알려졌다.

농민을 위하여 ● 당시 사대부의 눈에 비친 농민의 처지는 실제로 어떠했을까? 그들의 선배 유학자 관료였던 이규보의 시가 모든 것을 말해 준다.

비 맞으며 논바닥에 엎드려 김매니 帶雨鋤禾伏畝中
흙투성이 험한 꼴이 어찌 사람 모습이랴만 形容醜黑豈容
왕손 공자들아 나를 멸시 말라 王孫公子休輕侮
그대들의 부귀 영화 농부로부터 나오나니 富貴豪奢出自儂

햇곡식은 푸릇푸릇 논밭에서 자라는데 新穀靑靑猶在畝
아전들 벌써부터 조세 거둔다고 성화네 縣胥官吏已徵租
힘써 농사 지어 부국케 함 우리네 농부거늘 力耕富國關吾輩
어째서 이리도 극성스레 침탈하는가 何苦相侵剝及膚.
　　　　　　　　　　　 ―이규보, 「농부를 대신하여」

논을 살찌우고 ● 쇠똥·말똥·인분을 모아 거름으로 쓰고, 지붕 이엉이나 주위의 풀을 베어 모아 퇴비로 쓰는 것을 '시비법(施肥法)'이라고 한다. 화학 비료를 쓰는 지금은 이런 천연 비료가 농업의 역사만큼이나 오래된 줄 알지만, 고려인에게 거름·퇴비로 땅에 영양을 주는 것은 획기적인 기술 혁신이었다.

정도전을 비롯한 신흥 사대부는 『농상집요』(50쪽 사진 설명 참조) 같은 책을 보면서 이러한 농업 기술의 혁신을 고민했다. 그리고 "농업과 양잠업을 번성케 하고〔農桑盛〕, 호구를 늘릴 것〔戶口增〕"을 국가적 과제로 제시하며 농업 부국의 길에 적극 나섰다.

신흥 사대부 백문보는 수차(아래 그림 설명 참조)를 도입해 가뭄에 대비하자고 주장하면서, 마른 논에다 볍씨를 뿌리는 하종(下種 : 직파법)과 따로 모를 키운 다음 이것을 물 댄 논에 옮겨 심는 삽앙(揷秧 : 모내기)을 함께 실시하자는 제안을 하기도 했다(『고려사』 권79).

마른 논에 씨를 직접 뿌려 벼를 기르면 논에 물을 댈 필요가 없어 가뭄이 들어도 큰 걱정이 없지만, 도중에 죽는 씨가 많았다. 반면 모내기를 하면 버리는 씨앗은 적지만, 논에 물을 대야 하므로 가뭄이 들 때 농사를 망치기 쉬웠다.

모내기는 고려 후기에 나온 획기적인 농사법이었지만, 수차 같은 수리 시설을 제대로 갖추지 않으면 위험할 수도 있었다. 그래서 조선 초기에는 오히려 정부가 모내기를 금지하기도 했다.

밭을 풍성하게 ● 논농사가 발전했다고 밭농사를 소홀히 했던 것은 아니다. 고려 말에는 전에 볼 수 없었던, 흰 꽃이 만발한 밭을 볼 수 있었다. 면직물의 재료가 되는 목화밭이었다.

중국은 목화씨가 외국에 유출되는 것을 금지하고 있었다. 그래서 원나라에서 수입한 면은 비싸고 귀해 비단처럼 상류층만 쓸 수 있었다.

1364년 중국에 갔던 문익점이 붓 뚜껑에 목화씨를 숨겨 들어와 강성현(지금의 경상남도 진주 지역)에서 시험 재배했다. 이것이 성공하면서 영호남에 희디흰 목화밭이 퍼져 나갔다.

목화로 면을 생산하게 된 것은 의생활에 혁신을 가져왔다. 면포가 널리 유통되자 이런 제안도 나왔다. 가난한 사람이 비단 이불을 마련하지 못해 혼기를 놓치거나 결혼하지 못하는 경우가 있으므로 혼인할 때는 면포만 사용하게 하자는 그에 따라 직조 수공업과 상업도 발달했다.

목화말고도 내원서(內園署)에 속한 과원(果園)의 노력으로 접목과 같은 과일 재배 기술이 발전했고, 양잠 전문서인 『손씨잠경』이 이두로 번역되면서 뽕나무 재배도 활기를 띠었다.

신흥 사대부는 성리학을 통해 정치·사상의 변혁을 이끌고자 했다. 이러한 목적을 실현하기 위해 우선 백성의 먹고 사는 문제를 해결하는 데 힘썼는데, 그 핵심은 기술 개발을 비롯한 농업 생산력의 발전이었다. 고려 후기에는 상경(常耕), 즉 논과 밭을 놀리지 않고 매년 농사를 짓는 것이 본격화되었다. 그에 따라 특히 논농사에서 주목할 만한 변화가 일어났다. 수리 시설의 보수와 신축, 개간, 새 씨앗의 보급, 비료 주기, 농작물의 확대······. 이것은 고려의 사회·경제 전반에 적지 않은 변동을 몰아왔다.

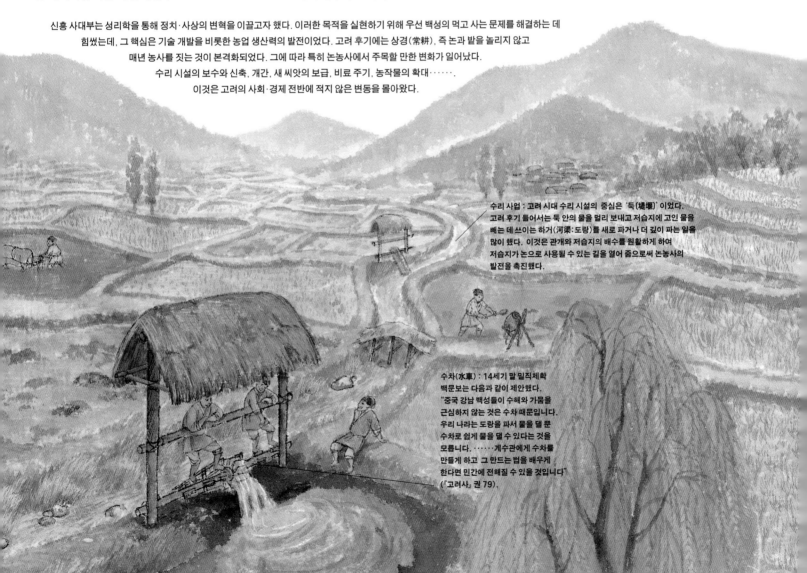

수리 사업 : 고려 시대 수리 시설의 중심은 '둑(堤堰)'이었다. 고려 후기 들어서는 둑 안의 물을 멀리 보내고 저습지에 고인 물을 빼는 데 쓰이는 하거(河渠:도랑)를 새로 파거나 더 깊이 파는 일을 많이 했다. 이것은 관개와 저습지의 배수를 원활하게 하여 저습지가 논으로 사용될 수 있는 길을 열어 줌으로써 논농사의 발전을 촉진했다.

수차(水車) : 14세기 말 밀직제학 백문보는 다음과 같이 제안했다. "중국 강남 백성들이 수해와 가뭄을 근심하지 않는 것은 수차 때문입니다. 우리 나라는 도랑을 파서 물을 댈 뿐 수차로 쉽게 물을 댈 수 있다는 것을 모릅니다. ······계수관에게 수차를 만들게 하고 그 만드는 법을 배우게 한다면 민간에 전해질 수 있을 것입니다"(『고려사』 권79).

고려 후기에 이금이라는 사람이 나타나 미륵불을 자처하자, 무당들도 성황당까지 걷어치우고 그를 따랐다. 그는 자기가 주문을 외면 풀에 푸른 꽃이 피고 나무에 곡식이 열릴 것이며, 한번씩 뿌려 두 번 수확할 것이라고 주장했다. 소출이 늘어나기만 빌던 농민은 그에게 열광했다. 기껏 농촌에 가서 책 읽으며 어떻게 하면 농업 기술을 발전시킬까 고민하던 성리학자들은 분노했다. 합리적인 사고방식을 지닌 그들은 백성을 현혹하는 무속이나 각종 전통 종교를 혐오했다. 그들의 선배인 이규보도 이웃에 사는 무당을 증오하다가 국가에서 그녀를 도성 밖으로 쫓아내자, 뛸 듯이 기뻐한 적이 있다(『동국이상국집』 권 2).

마침내 13세기 말 성리학자들은 각종 전통 종교를 음란하고 사악한 부류로 몰아붙이며 개혁의 칼을 빼들었다.

음사·무격은 안 되죠 ● '음사(淫邪)'는 음란하고 사악한 행위를, '무격(巫覡)'은 무당과 박수(남자 무당)를 일컫는 말이다. 남녀가 굿판에서 노래하고 춤추다가 간혹 간통이나 부정 축재 따위를 하는 일이 종종 있었다.

14세기 때 재상인 한종유는 젊은 시절 무격이 춤추고 노래하는 곳이 있으면 친구들과 짜고 그 속에 끼여들어 술과 음식을 빼앗아 취하도록 먹고 「양화가(楊花歌)」라는 유행가를 부르며 놀았다. 한종유는 물론 성리학자였고 벼슬길에 오른 뒤에는 공식적으로 무격을 탄압했다.

고려 정부가 무격을 배척한 것은 1131년(인종 9년)부터였다. 그러나 처음에는 도성 밖으로 몰아내 활동 영역을 한정하는 데 그쳤다. 본격적인 규제는 성리학이 보급된 뒤부터였다.

14세기 말 유탁이라는 성리학자는 제석천이라 자처하면서 사람들을 현혹하던 무녀를 처벌했다. 무격에게 임시세를 부과하거나 명나라로 보내는 말을 징발하는 것과 같은 경제적 탄압도 있었다. 정도전은 무격이 미풍양속을 해칠 뿐 아니라 무속 의례에 들어가는 지나친 비용 때문에 경제에도 부담을 주기 때문에, 법을 만들어 무교 금지령을 내려야 한다고 주장했다. 나중에 과전법을 시행할 때는 승려와 기생, 맹인 등과 더불어 무격을 토지 지급 대상에서 제외했다.

▨ 88쪽 특강실을 참조하세요.

풍수지리도 안 돼요 ● 풍수지리는 고려 사회와 국가 경영의 여러 측면에 깊고 큰 영향을 끼쳤다. 훗날의 풍수지리가 주로 무덤 자리를 따지는 음택풍수인 반면, 고려의 풍수지리는 집자리를 따지는 실생활 중심의 양택풍수 위주였기 때문에 큰 문제를 일으키지는 않았다.

하지만 이 같은 풍수지리설도 고려 말에 이르러 성리학자들의 거센 비판을 피해 가지 못했다. 신흥사대부는 땅이 생긴 모양에서 이로움이나 해로움을 따지는 '지리(地利)' 보다 사람끼리 화합하고 살아가는 '인화(人和)' 가 더 중요하다는 유학의 논리로 풍수지리의 폐단을 비판했다.

풍수지리설을 내세우는 사람들은 남경(한양)으로 도읍을 옮기기만 하면 주변 36국이 조공할 것이라고 주장하기도 했다. 그런 주장은 세계 지리에 대한 새로운 인식을 가진 신흥 사대부가 볼 때 궤변에 불과했다.

또 농촌으로 내려가 자연 친화적 주거 공간인 농가에서 살았던 신흥 사대부 입장에서 볼 때, 집 하나 짓는 데도 풍수지리를 따져 가며 주변의 자연물에 대해 까다롭게 구는 개경 권세가들이 고깝기도 했을 것이다.

▨ 『고려생활관1』 55쪽을 참조하세요.

불교와 도교도 곤란해요 ● 유학(유교)·불교·선교(도교)는 동아시아의 정신 세계를 대표해 온 세 개의 기둥이다. 다원적인 고려 사회에

◉농민과 사대부가 함께 비웃은 파계승

스님이 길을 가고 있었다. 도중에 한 부녀자가 길가에 앉아 소변을 보고 있었다. 스님은 그만 끓어오르는 욕정을 참지 못하고 그 부녀자를 일으켜 파계(破戒)의 춤을 추며 놀다 들키고 만다. 이 파계승(왼쪽 사진)을 보고 사람들은 배를 움켜쥐고 웃는다.

경상북도 안동시 하회마을의 별신굿탈놀이의 한 마당인 '파계승 마당' 의 줄거리이다. 하회 별신굿탈놀이와 그 놀이에 사용되는 12개의 탈은 고려 후기에 만들어졌다고 한다. 전설에 따르면 이 마을에 살던 허 도령의 꿈에 성황신이 나타나 "탈을 12개 만들어서 그것을 쓰고 굿을 하면 재앙이 물러갈 것이나, 탈이 다 만들어질 때까지 누구도 들여다보게 해서는 안 된다"고 말했다. 허 도령은 그때부터 두문불출하며 탈 만들기에 몰두했는데, 허 도령을 몹시 사모하던 처녀가 탈을 만드는 방문의 구멍을 뚫고 엿보았다. 그로 인해 허 도령은 피를 토하면서 죽었고, 마지막으로 만들던 '이매' 탈은 턱을 채 만들지 못한 꼴로 전해져 오고 있다.

할미 마당·파계승 마당·양반 마당 등 모두 열 마당으로 이루어진 별신굿탈놀이에는 사회 지배 계층인 승려, 양반 등의 허위 의식과 타락상을 신랄하게 비꼬는 풍자가 담겨 있다. 고려 말에 이 놀이가 공연되었다면 파계승 마당은 단연 최고의 인기를 누렸을 것이다. 그리고 이때 파계승의 꼬락서니를 보고 웃는 사람들 가운데는 틀림없이 불교에 비판적이었던 신흥 사대부가 있었을 것이다.

서는 이 세 개의 기둥이 저마다 중요한 자리를 차지하고 굳건히 서 있었다.

그런데 이 가운데 유학은 종교가 아닌 학문이다. 유학의 창시자였던 공자는 '괴력난신(怪力亂神)', 즉 상식적으로 생각하면 이해할 수 없는 초자연적인 힘과 신령 따위를 부정했다고 한다. 유학은 의식적으로 원시적인 미신을 탈피하여 인간의 합리적인 능력에 의지하고자 했던 사상이었다. 그리하여 유학은 중국에서 일찍이 현실 정치 제도와 정치 운영의 지도 원리로 발전할 수 있었다.

이러한 유학의 사고방식이 우리 나라 고유의 무속 신앙과 충돌하는 것은 예정된 일이었다. 나아가 유학은 불교·도교와도 마찰을 빚었다. 유학은 기본적으로 반종교적이었던데다 유학이 고려 사회에 뿌리를 내리기 전부터 불교와 도교는 무속과 결합하여 고려의 생활 풍속과 의식 구조를 지배하고 있었기 때문이다.

특히 후기의 유학자인 성리학자들은 농촌의 피폐한 현실을 목격하고 이를 바꾸려 했다. 그들은 불교·도교가 민생 문제에 무능할 수밖에 없는 사상적 구조를 가졌다고 보고 두 종교에 대해 비판의 날을 세웠다.

사회 개혁은 성리학과 함께 ● 김부식을 비롯한 유학자 관료들이 12세기에 일어난 묘청의 난을 진압하면서, 유학은 토속 신앙에 영합하지 않고서도 현실적으로 이 땅에 발붙일 수 있는 세력을 확보해 나가게 되었다.

사회 생활의 지침으로 자리잡은 유학은 다시 성리학이 들어옴으로써 새로운 자리매김을 하게 된다. 성리학이 들어오기 전까지 유학은 사회 생활의 원리였고 불교는 정신 생활의 반려였다. 그러나 성리학은 이전의 유학보다도 정신적·철학적으로 잘 무장되어 있었다. 따라서 이전의 유학이 간섭하지 않던 불교와 토착 신앙의 영역, 즉 사람들의 정신 세계에까지 뛰어들어 치열한 싸움을 벌였다.

성리학은 불교를 비판하면서, 사람들에게 끊임없이 내세의 구원보다는 현실의 삶을 바로 볼 것을 요구했다. 현실 개혁의 시대에 불교는 성리학 앞에서 점차 설자리를 잃어 갔다.

▲ **성균관 문묘** : 유학의 성현을 모시는 사당은 성리학이 전래된 뒤 더욱 중시되어, 고려 성리학자들은 개경의 성균관과 각 지방 향교에 대성전을 건립하고 공자를 비롯한 중국의 성현 초상을 모셨다. 위 그림은 조선 시대 성균관의 문묘를 그린 것으로, 이곳에는 우리 나라 유학자를 포함한 134 성현의 위패를 모셨다.

◀ **여막살이** : '여막'은 무덤 가까이에 짓고 상제가 거처하는 초막을 가리키는 말이다. 신흥 사대부가 지키려고 한 3년상은 이곳에서 치르는 것이 원칙이었다.
사진은 조선 시대에 충신·효자·열녀의 행실을 모아 만든 『동국삼강행실도』의 일부.

"고려 사회 이것만은 지키자"

14세기 말. 성리학자 정습인이 경상도 영주에 수령으로 부임했다. 그 고을의 어느 향리가 그에게 관례를 따라 불교 도량에 있는 소재도(消災圖 : 재앙을 예방하는 불교 그림)에 분향할 것을 요청했다. 그러자 정습인은 "법이 아닌 것을 하지 않는다고 재앙이 일어나겠는가?"라면서 오히려 소재도를 철거하라고 명령했다.

그는 또 고을에 서 있는 불탑을 허물어 그 벽돌을 가지고 빈관(賓館)을 수리하기도 했다.

당시 공민왕 밑에서 개혁 정치를 하던 신돈은 이 소식을 듣고 정습인을 잡아 가두었다. 그러나 동료들의 탄원으로 죽음을 면한 정습인은, 신돈이 죽은 뒤 복직되자 가는 곳마다 불교와 무속을 배척했다(『고려사』 권112).

▲ **불교 속의 민간 신앙** : 고유의 민간 신앙과 도교의 칠성 신앙 등을 불교가 수용하면서 산신·칠성·독성(獨聖)을 함께 모신 것이 삼성각(三聖閣 : 위, 부석사)으로, 큰 법당 뒤쪽에 자리한다. 전통 민간 신앙인 산신 신앙을 표현한 산신도(아래)도 불교 사찰에서 빼놓을 수 없는 요소이다.

불교가 미운 털이 박히기도 했지만 ● 성리학자들은 왜 이렇게 불교를 미워했을까? 그럴 만한 불교계의 잘못이 있었던 것은 분명하다. 불교는 12세기 후반 이래 문벌 세력과 결탁하여 번창했다. 사원에 보(寶)라는 금융 기관이 만들어지면서 지배 계층이 그것을 통해 재산을 축적하고, 또 그것을 통해 재산을 도피시키는 일도 있었다.

사실 고려 불교의 가장 큰 특징은 통일신라 때까지의 왕실 불교를 대중 불교로 바꾸어 놓은 데 있었다. 그러나 후기에 이르면 불교계의 최고 승직자인 국사와 왕사조차 통치권과 결탁하는 경향을 띠게 되었다.

이러한 상황을 맞아 불교계에서는 각 종파가 서로 자기 쪽 승려를 승직자로 임명하려는 갈등마저 나타났다. 더 많은, 그리고 더 높은 승직을 갖는 것이 권력을 얻는 길이기 때문이었다. 이런 갈등을 불교계 내부의 노력으로 해결하려는 시도도 물론 있었다. 그러나 이런 시도들마저 정치 세력의 변화와 밀접하게 맞물리면서 불교계의 기반은 오히려 더욱 흔들리게 되었다.

그러는 사이 대중의 지지는 서서히 식어 갔고, 정습인 같은 성리학자들의 공격으로 불교계는 점점 힘겨운 위기 상황으로 빠져들게 되었다.

대중과 함께 했고 ● 그러나 불교는 고려인의 삶을 풍성하게 하고 그들의 정신 세계를 살찌우는 데 많은 기여를 했다. 그 원동력 가운데 하나는 대중 속으로 파고 들어가 그들과 함께하려는 정신이었다.

요즘도 절에 가면 칠성각·삼성각·산신각 같은 건물(왼쪽 사진)을 볼 수 있다. 이곳에 모셔져 있는 칠성신이나 산신은 불교가 아니라 전통 민간 신앙의 숭배 대상이었다. 불교가 그런 이교(異敎)의 신들을 흡수한 것이다. 기존의 세계관을 이단으로 몰아서 배척하여 소멸시키지 않고, 불교 안에 받아들여 동화시킨 것은 불교 특유의 포용력이 발휘된 결과였다.

도선·보우나 무학 같은 고승들은 불교 자체의 교리보다는 토착 신앙인 풍수지리설을 활용하여 새로운 질서를 세우고 사회에 변화를 일으키려 했다.

대중이 딱딱한 논리보다는 신비주의적인 토착 신앙에 이끌리는 경향이 있다는 것을 잘 알고 있던 고승들은 토착 신앙을 사회 변혁 사상으로 흡수하여 새로운 질서를 창조할 줄 알았던 것이다.

▶ **원나라 양식의 경천사 석탑**
고려 후기의 대리석탑으로 우리 나라 석탑에서는 전혀 찾아볼 수 없는 특이한 형식을 보여 준다. 수법이 장려하면서도 전체적으로 균형이 잡히고 우아한 풍취를 갖고 있다. 1348년(충목왕 4년) 원나라 양식으로 세워졌다. 높이 13.5m. 국보 86호.

▲ **원나라에 수출된 고려 불경** : 감색 종이에 접착제에 갠 금박 가루로 쓴 『화엄경』 34권. 이처럼 정성을 다해 불경을 베껴 쓴 경전을 '사경(寫經)' 이라고 부른다. 현재 전해 내려오는 사경은 대부분 고려 후기인 충렬왕 이후에 제작된 것으로 고려 후기 불교의 화려한 성격을 짐작하게 한다. 고려의 사경 기술은 뛰어나 원나라에 수출까지 했다. ▨ 62~75쪽 특별전시실을 참조하세요.

사회에 활력을 불어넣었고 ● 고려 시대에 불교가 없었다면 청춘 남녀가 어울리는 짝을 찾아 젊음을 불태우는 일이 훨씬 더 어려웠을지 모른다. 그들은 평소에는 폐쇄적인 틀 속에 갇혀 있다가, 연등회 같은 불교 제전이 벌어지면 한껏 개방적인 분위기에서 자유롭게 이성과 만나 교제할 수 있는 기회를 가졌다.

연등회에서 있었던 탑돌이나 팔관회에서 벌어진 춤과 노래와 오락의 잔치에서는 남녀간의 만남이 자연스럽게 이루어지다가, 나중에는 난잡한 의식으로까지 흘러 성리학자의 비판의 도마에 오를 지경에 이르렀다.

고려 시대에 인간의 출생에서 죽음에 이르는 생활 전체를 주관했던 불교는, 이처럼 거국적인 제전을 통해 다른 방식으로는 해소될 수 없는 사회의 폐쇄성에 큰 환기 구멍이 되어 주었다.

나아가 팔관회 때 개경 거리에서 이루어진 전국적이고 국제적인 상품 교역은 자급자족 체제에 매여 있던 사람들의 생활과 경제 활성화에 활력소 구실을 하기도 했다.

평등한 사회에 이바지했으며 ● 고려에서는 불교와 관련하여 신분별·연령별·성별로 나누어진 모임이 만들어지기도 했다. 이것은 고려 사회가 가지고 있던 수평적 구조를 강화하는 역할을 했다.

신라에서 내려오는 '국선(國仙)' 이라는 청소년 단체가 있는가 하면, 계층별·성별·연령별로 다양하게 꾸려지는 '향도'라는 모임도 있었다.

가령 개경의 부녀자들은 나이의 많고 적음, 신분의 높고 낮음에 관계없이 향도를 맺고 불교 행사인 재(齋)를 같이 올리거나 연등회 때 등을 켜는 일을 함께 했다. 일부일처제였던 고려에서 남자가 첩을 둘 수 있도록 하자고 상소를 올렸던 박유는, 바로 연등회 때 왕을 모시고 나왔다가 이들 여성 향도를 만나 삿대질을 당하기도 했다. ▨ 『고려생활관1』 59쪽을 참조하세요.

불교는 그 자체가 사람 사이의 평등을 강조하는 교리를 갖고 있다. 그런 불교에서 비롯된 향도 같은 모임은 가부장적 친족 윤리를 강조한 유교보다, 간접적이지만 여성의 지위를 훨씬 강화시키는 기반을 제공해 주었다.

건강한 삶의 반려였다 ● 대중 불교로 세속과 고락을 함께 했던 사원은 세속에서 사는 고려인의 삶에도 많은 영향을 주었다. 세속인도 불교의 감화를 받아 이기심을 버리고 힘껏 사회 봉사에 나선 예는 오늘날이 아닌 고려 시대에도 얼마든지 있었다. 또 불교의 계율을 지켜서 고래처럼 마시던 술을 끊고 수양에 힘쓴 사람도 적지 않았다.

젊은 독서인들이 개경 부근의 사원을 빌려 더운 여름과 추운 겨울을 무릅쓰고 과거 공부에 열중하는 모습은, 그것이 고려 시대인지 요즘인지 헷갈리게 한다. 문벌의 자제가 과거 공부를 하기 위한 독서당이 사원 안에 있었던 것이다.

불교 사원은 나아가 조선 시대의 서원처럼 사교육 기관 역할을 했다. 구재 학당을 세운 최충은 학생들을 데리고 귀법사란 절에서 여름 수련을 하기도 했다. 개인이 만든 교육 기관의 재실(연구실)이 종종 사원에 설치되었는데, 이것은 점차 공교육 기관의 하부 조직으로 흡수되었을 것이다.

사원은 품격 높은 양로원 역할도 했다. 독신이 된 사람들은 종종 출가한 승려 못지않은 불교 신자가 되어, 정성껏 경을 읽고 예불을 드려 내세를 보장받으려고 애를 썼다. 특히 나이가 많은 관료나 독신녀는 불교에 의탁하는 경우가 많았으며, 자식을 두고도 비구니가 되는 여성도 있었다. 그럴 때에도 토지와 노비 같은 재산의 소유권은 그대로 있었으므로, 그들은 전 재산을 사원에 기탁하고 만년을 편하게 살았다.

5인의 승려, 5인의 유학자

불교와 유학은 고려인의 정신 세계를 이끌고 간 쌍두마차였다.
불교가 다른 신앙과 사상을 끌어안아 통합하고 서로의 차이를
없애는 방향으로 움직였다면, 유학은 다른 사상으로부터
떨어져 나와 분리하고 차이를 드러내는 방향으로 움직였다.
그런데 고려 시대 대부분의 기간에 불교와 유학은 이처럼
상반된 행보를 보이면서도, '공존'이라는 공통된 지향을 가지고
있었다. 즉, 불교는 유학과 공존하기 위해 차이를 없애려 했고,
유학은 불교와 공존하기 위해 차이를 강조했다.
불교가 담당하려고 한 통합의 역할은 고려의 국가적
과제이기도 했다. 고려는 후삼국을 통일한 나라였다. 따라서
갈가리 찢겼던 통일신라 말기의 사회를 통합해야 하는 과제를
안고 있었다. 불교는 삼국 시대에 도입되어 왕권을 지탱해 주고
국가를 통합하는 역할을 톡톡히 해왔다. 고려를 세운 세력은
불교에 풍수지리설을 끌어들인 전설적 고승 도선의 세례를
받은 불교 신자였다. 왕건의 「십훈요」도 불교가 고려의
지도 이념이라는 점을 분명히 하고 있다.
그러나 통일신라 말기에 5교 9산으로 분열된 불교는 우선
내부 통합을 이루는 게 급했다. 5교는 교종의 종파들, 9산은
선종의 종파들이었다. 고려 중기에 등장하여 현대 한국 불교의
양대 산맥인 천태종과 조계종을 창시한 의천과 지눌은 바로
이러한 교종과 선종의 차이를 없애려고 노력한 승려였다.
반면 유학은 처음에는 불교로부터 존립을 인정받는 것이
목표였으며, 스스로 존립할 수 있는 한에서만 불교의 존립을
인정했다. 전기 유학자 최승로가 "불교는 마음을 다스리는
근본이고 유학은 나라를 다스리는 도리"라고 한 것도 이러한
'분리하면서 공존하기' 전략의 하나였다. 그러나 이 과정에서
공존하던 불교와 유학은 둘 다 기득권층의 사상이 되어
현실을 타개할 힘을 잃어 갔다.
그 한계를 치고 나온 것이 새로운 철학적 유학인 성리학이었다.
성리학은 반종교적 합리주의인 유학의 본성을 끝까지 밀어붙여
불교와의 차이를 선명하게 하는 데 그치지 않고 불교를 없애
버리려는 시도로 나아갔다. 안향·이제현·정도전으로 이어지는
과정은 곧 성리학의 칼날이 더욱더 날카로워지는 과정이었다.
보우와 무학은 수세에 몰리면서 유학과의 틈새를 벌리지 않기
위해 안간힘을 쓰던 후기 불교의 자화상이었다.

도선─신라 불교의 계승

827~898
그의 풍수도참설은 통일신라 말기 사회적 전환기에 국
토 재편성을 위한 계획안이라는 성격을 갖고 있었다.
그것은 고대 문화의 중심지였던 경주의 지위를 약화시
키고 개경을 새로운 문화의 중심으로 부각시킴으로
써, 고려 건국의 타당성을 마련해 주었다. 또한 고려
문화의 기반을 크게 확대하는 결과도 가져왔다.

최치원─고려 유학의 기초

857~?
통일신라 말기에 유학의 입장에서 진골 귀족 중심의 독
점 지배 체제와 역대 정치의 문란을 비판한 육두품 신
분의 유학자 가운데 한 명. 이 과정에서 유학은 새로운
정치와 사회의 방향을 모색하는 사상으로 자리잡게 되
었다. 그의 활약은 고려가 통일 이후의 중앙 집권 체제
에 맞는 운영 원리로 유학을 채택하는 초석이 되었다.

◀ **불심(佛心) 깊었던 성리학자 부자(父子)** : 고려의 성리학자 이곡은 부모의 명복을 위해 대장경 1본을 간행하려 했으나 뜻을 이루지 못하고 죽었다. 그러자 그의 아들인 성리학자 이색이 대장경을 간행하고 고승 나옹의 제자들과 함께 경기도 여주 신륵사에 대장각을 세웠다. 이것은 초기 성리학자와 불교가 적대적이지 않았다는 사실을 말해 준다. 사진은 이를 기념해 세운 비(碑)이다. 높이 133cm, 폭 88cm. 보물 230호.

▼ **사당 대신 사당 그림** : 집 안에 사당을 갖지 못한 사람이 제사를 지낼 때 사용한 그림.「감모여재도」라는 제목의 조선 시대 민화이다. 그림 속에 낡은 기와집 사당이 보이고 지붕 위로는 소나무가 드리워져 있다. 사당 안에는 제삿상이 차려져 있고, 상 위에는 매화나무를 꽂은 꽃병과 촛대, 제기 등이 있다.

성 리 학 도 전 1 0 0 년 사

성리학 들어오다 ● 성리학과 고려의 신흥 사대부는 찰떡 궁합이었다. 절제와 윤리 의식을 강조하는 성리학은, 사치스러운 권문세족을 비판하는 신흥 사대부에게 매력적인 학문이었다. 또 농업이 빠르게 발달하던 남송의 지주 계급을 대변하는 성리학은, 지방 사회의 대변자로 자처하며 성장해 가던 신흥 사대부의 입맛에도 맞았다.성리학을 탄생시킨 남송은 원나라에게 쫓겨 중국 남쪽으로 내려간 한족의 나라였다. 따라서 성리학에는 잃어버린 중화의 영광을 되찾고자 하는 열망이 짙게 배어 있었다. 이런 점도 원의 간섭을 물리치고 싶어하던 신흥 사대부의 주목을 받았다. 유학이 한 단계 발전한 것이 성리학이라면, 고려 유학은 그것을 받아들이기에 충분한 깊이에 도달해 있었다. 1314년 충선왕이 원나라에 세운 만권당이라는 학술 기관을 통해 조맹부 같은 한족 출신 거물 학자와 이제현 같은 신흥 사대부 사이에 불꽃 같은 토론이 벌어졌던 것이 한 예이다.

성리학이 사회 개혁의 기치를 내걸다 ● 성리학은 14세기에 이르러 사회 개혁의 도구로 적극 활용되었다. 만권당에서 돌아온 이제현은 성리학을 보급하는 한편 사회 개혁을 주장했다. 공민왕의 개혁과 함께 성리학은 국가 차원에서 보급되기 시작했다. 성균관을 새로 고치고 과거제를 정비함으로써, 많은 신흥 사대부가 성균관에서 공부하고 과거를 보아 정계로 진출할 수 있었다. 이처럼 국가의 지원을 받은 성리학은 이론적으로도 많은 발전을 보았을 뿐 아니라 윤리적인 실천도 촉진하게 되었다. 성리학의 이론적 발전은 불교에 대한 비판과 공격으로 이어졌고, 성리학의 윤리적 실천은 곧 고려 사회의 개혁을 의미했다.

성리학이 불교를 밀어내고 주류 사상으로 자리잡다 ● 성리학이 불교에 대해 본격적인 비판의 칼을 빼든 것은 14세기 말이나 되어서의 일이었다. 그 전까지는 이색의 예(위 사진 설명 참조)에서 볼 수 있는 것처럼 성리학자도 사회 전반의 의식을 지배하던 불교에 호의적인 태도를 취했다. 그러다가 불교 교단이 점점 부패·타락의 길로 접어들고 신흥 사대부 세력이 강해지면서 상황은 완전히 바뀌었다. 당시 성리학자가 불교를 비판하는 태도에는 두 가지가 있었다. 한 가지 태도를 대표하는 정몽주는 이색과 더불어 불교의 잘못된 점을 지적하고 유학을 숭상하자는 주장에 머물렀다. 그러나 다른 태도를 대표하는 정도전 등은 불교의 잘못된 점뿐 아니라 교리 자체를 논리적으로 공격하면서 불교를 사상계의 주도적인 위치에서 밀어냈다. 이들이 고려를 멸망시키고 조선을 건국하는 과정은 우리 사상계의 주류가 불교에서 유학으로 넘어가는 과정이었다.

若曰國師大古浮圖汝其銘之臣謹案國師諱普愚號大三韓國大夫人之二夢日輪入懷既而有娠以大德五年癸酉歲城西甘露寺一日髣圜剝落作頌八句打破牢關後清風吹入大古其結句也頭雖善射不覺露濕衣辛巳春住漢陽三角山重興寺卓然大悟作頌八句

무학 — 성리학과의 타협

無碍扶宗樹教弘利普濟都大禪師少嶽尊者西宗五敎都摠攝傳佛心印辯智無碍扶宗樹敎弘利普濟都大禪師少嶽尊者謚曰普覺國師須識之上曰嗚呼惜哉其用志勤而保民如赤子乃於闇室屋漏之地此代國家無疆之福也惜乎老臊繼者千聽門王午五朝民共臻仁壽之城此代國家無疆之福也惜乎老臊繼者千聽門王午五朝宗政崔門下侍郎母圓城茶茶夢見初日昭燁中遂有娠以泰定甲辰歲生

1301~1382

원 간섭기 불교는 당시 정치·사회 구조 속에서 나타난 보수 세력과 결탁하면서 사회를 통합하고 가르치는 기능을 잃어 가고 있었다. 이때 활동한 보우는 선종과 교종이 다른 것이 아니라는 '선교일체론', 불교와 유교의 융합을 강조한 '일정설(一正說)'을 내놓으며 불교의 통합 기능을 되살리기 위해 애썼다.

1327~1405

무학은 성리학의 집중 공격을 받고 크게 위축된 고려 말의 불교 교단에 협력하지 않았다. 그는 '유학은 인을 말하고 불교는 자비를 가르치지만 그 작용은 하나'라는 보우의 신조를 계승했으며, 성리학자가 주도한 조선 개국에 협력하여 태조 이성계의 왕사(王師)가 되고, 한양 천도에도 이바지했다.

정도전 — 개혁을 넘어 개국으로

春風故國羊油城慈窟慈豐晋

1287~1367

만권당에서 원나라 학자들과 교류하고 충선왕과 함께 성리학 발상지인 양쯔 강 남쪽을 여행했다. 귀국한 뒤에는 이색에게 성리학을 전수했다. 고려 성리학의 기초를 확립한 학자이자 당대의 명문장가로 조맹부의 서체를 도입하여 유행시켰다. 이제현과 이색에 의해 성리학은 사회 개혁의 이념으로 자리잡게 되었다.

1337~1398

1377년부터 고향인 경상도 영주에서 학문 연구와 후진 양성에 힘쓰며 성리학의 입장에서 불교 배척론을 체계화했다. 1383년부터 이성계와 인연을 맺고 토지 제도 개혁에 이은 조선 건국을 일관되게 밀어붙였다. 불교를 배척하는 대신 단점만 비판하고 고려 왕조를 지키려 한 정몽주와의 맞수 관계는 유명하다.

의천 | 천태종과 교·선 통합

1055~1101

그는 먼저 교종을 정리하기 위해 화엄종의 입장에 섰다가 법상종과 결탁한 인주 이씨 문벌의 공격을 받았다. 인주 이씨가 몰락한 뒤인 1097년(숙종 2년)에 창립한 천태종은 5교 9산으로 분열된 불교 전 교단을 재편해 나갔다. 이 과정에서 교종과 선종의 사상적 대립을 극복한다는 과제도 적극적으로 추진되었다.

지눌 | 조계종과 교·선 통합

1158~1210

대각국사 의천이 교종의 입장에서 교·선 대립을 해결하려 했다면, 보조국사 지눌은 선종의 입장에서 같은 문제를 해결하려고 했다. 조계종은 이런 목적으로 그가 창립한 종단이다. 그는 고려 불교가 사회 정화 기능을 잃었다면서 "세속적 이익을 버리고 산림에 은둔하여 정혜에 전념하자"고 호소했다.

보우 | 불교와 유학의 융합

김부식 | 유학을 사회 운영의 원리로

1075~1151

유학을 사회 운영 원리로 확립한 최승로, 사학을 세워 많은 유학자를 배출한 최충의 뒤를 이은 유학자 관료. 정지상과 묘청이 일으킨 반란을 앞장서 진압함으로써 유학자가 독자적으로 설 수 있는 기반을 마련했다. 당시 유학은 점차 사대적·보수적 성격을 드러내어 문벌 사회의 모순을 해결할 능력을 상실하게 되었다.

안향 | 성리학 도입

1243~1306

1289년 원나라에서 성리학 창시자 주희의 저서인 『주자전서』를 필사하고 돌아와 성리학을 연구했다. 고려에 성리학을 처음 들여온 인물이다. 그의 뒤를 이어 백이정은 14세기 들어 원나라에서 10여 년간 머무르면서 성리학을 연구했고, 권부는 『사서집주(四書集註)』를 간행하여 성리학을 보급했다.

이제현 | 고려 성리학의 기초 확립

▲ 공민왕릉 벽화 : 국왕은 매장을 했다. 왕의 관을 재궁(梓宮), 재궁이 묻힌 곳을 능(陵)이라 한다. 상례 기간은 3년인 27개월을 27일로 바꾸었다. 왕위를 오래 비워 둘 수 없었기 때문이다.

1370년, 신흥 사대부 윤택이 고향 금주(지금의 충청남도 금산)에서 죽었다. 향년 82세. 그는 죽으면서 이렇게 말했다. "미천한 가문에서 일어나…… 상(上 : 공민왕)의 총애를 받아 80을 넘기니, 이는 다 선조의 덕이라. 내가 죽어 장사하거든 불교식 장례를 하지 말거라."

성리학자다운 유언이었다. 그러나 이 말은 그때까지 고려 사회에서 불교식 장례가 꽤 유행했다는 것을 알려준다. 윤택 자신도 가산을 털어 보법사라는 절을 짓고 자신의 명복을 빌어 주는 절로 삼았을 만큼 불교를 의식하고 있었다.

그렇다면 불교식 장례란 어떤 것이었고 윤택이 원했던 장례는 또 어떤 것이었을까? 그리고 이러한 장례 방식의 변화는 무엇을 의미했을까?

고려의 장례 풍속 하나 – 불교식 ● 고려 관료는 대부분 화장을 했다. 화장은 불교식 장례로 '다비'라고 부른다.

1077년에 죽은 이정의 다비식을 살펴보자. 고려 왕 선종의 장인이었던 이정은 어의의 보살핌에도 불구하고 병세가 회복되지 않자, 개경 불은사에서 요양하다가 53세를 일기로 죽었다. 죽는 날 손발을 씻고 의관을 단정히 하고 앉아

서 아미타불의 이름을 읊조렸다. 열흘 후 불법에 따라 절 부근에서 다비(화장)하고 그 유해를 받들어 절에 임시로 안치했다. 자식들은 140여 일 동안 살았을 때와 똑같이 아침·저녁으로 음식을 올렸다. 그리고 10월 20일 길지를 골라 석관(아래 사진)에 유해를 담아 매장했다.

화장을 거쳐 매장을 한 것이다. 이후 이정의 후손은 매년 기일에 불은사에서 불교식 제례를 했을 것으로 추측된다.

고려의 장례 풍속 둘 – 유교식 ● 이번에는 불교식이 아닌 장례를 살펴보기로 하자. 윤택의 아들 윤귀생은 부친의 유언을 따라 화장을 하지 않고 매장을 하는 장례를 치렀다. 그리고 부친의 묘 앞에 묘석(墓石)을 세워 돌아가신 날짜를 기록하고 그 앞에는 묘비를 세웠다. 또 묘 남쪽에 재실(齋室)을 짓고 해마다 이곳에서 제사를 지냈다. 이전까지 고려인의 무덤에서 볼 수 없는 모습이었다.

장례를 치른 뒤에도 윤귀생은 고향인 금주에 살면서 사우(祠宇 : 사당)를 세우고 조상에게 제사를 지냈다. 그는 성리학을 창시한 주자가 『가례』라는 책에서 제시한 의례를 따라, 삭망(음력 초하룻날과 보름날)과 주요 절기에는 3대를, 동지에는 시조를 제사 지냈다. 그리고 입춘에는 모든 조상에게 제사를 올렸다.

"화장은 인(仁)에 어긋나는 것" ● 불교에서는 영혼과 사체는 철저히 분리된다고 여겼다.

그래서 사람이 죽으면 활활 타오르는 불 위에 사체를 올려 머리카락을 태우고 살을 문드러지게 한 다음, 태운 재를 날려서 물고기와 새에게 베풀었다. 그래야만 하늘에 가서 서방(극락)에 이르러 다시 태어날 수 있다고 믿었던 것이다.

반면 성리학에서는 사체를 훼손하는 것이 죽은 이를 모독하는 행위라고 여겼다. 죽은 사람을 땅에 묻지 않고 태우는 것은 유학의 근본 이념인 '인(仁)'에 어긋난다는 것이다. 따라서 성리학을 수용한 신흥 사대부는 당시 성행하던 불교식 화장을 아비도 모르는 먼 오랑캐의 가르침이라고 비판하면서 이를 금지하도록 요청하기도 했다(『고려사』 권85).

3년상의 시작 ● 성리학자들은 점차 불교식 예법과 관계를 끊고, 『주자가례』에 따라 가문을 중심으로 상례와 제례를 실천해 나갔다.

정부에서는 일찍이 유학적인 상례 절차로 상복 착용 기간을 규정한 오복 제도(五服制度)를 마련해 두고 있었다.

이 제도가 정한 원칙대로 하자면 부모의 상을 당한 관리는 관직을 그만두고 3년상을 지내야 했다. 그러나 그렇게 했다가는 나랏일에 너무 많은 공백이 생길 터. 그래서 부모 상을 당했을 때 각각 100일의 휴가를 주고, 1주기와 2주기에 7일의 휴가를 주어 약식으로 3년상을 치를 수 있도록 배려했다. 물론 휴가가 끝나도 상복은 3년간 계속 입었다. 단, 군인은 특별히 100일 만에 상복을 벗을 수 있었다. 오랫동안 근무지

▶ 화장한 유골을 담는 석관 : 길이 1m 미만의 판석 여섯 장을 조립하여 만들고, 4면에 사신도를 그렸다. 각 면의 사방에는 당초 무늬와 금강저 무늬를 새긴 구획을 음각으로 돌렸고, 사신의 여백에는 구름 무늬를 듬성듬성 새겼다. 뚜껑은 네모서리의 각을 줄인 직사각형 석판이다. 79.0×44.6cm. 높이 36.5cm.

를 이탈하지 못하는 여건을 반영한 것이다.

이처럼 관료가 백일상을 지내게 되자, 재야 선비나 서민도 그 영향을 받아 나중에는 백일 상이 일반화되었다.

고려 말의 대표적 성리학자인 정몽주는 부모가 세상을 떠나자 3년상을 치르는 과정에서 여막을 짓고 시묘살이를 하는 한편, 집 안에 가족 사당인 가묘(家廟)를 세워 조상의 신주를 받들었다.

가묘에서 제사를 지낼 수 있는 조상의 범위는 지위에 따라 달랐다. 벼슬이 판대부(判大夫) 이상인 자는 증조부까지, 그 아래 6품 이상인 자는 할아버지까지, 7품 이하와 서민은 부모에게만 제사를 지냈다.

나중에는 절에서 이루어지던 제례를 폐지하려고 부모 상 때는 절에 드나드는 것을 금지하자는 주장이 나오기도 했다.

고려장은 과연 고려의 장례 풍속이었나 ●

늙은 부모를 집 밖에 멀리 갖다 버리고 죽도록 방치하는 것을 '고려장'이라고 한다. 이것은 정말 말 그대로 고려 시대의 장례 풍습이었을까?

1389년(공양왕 원년) 일곱 아들을 둔 노인이 병이 들자, 한 무당이 "사악한 귀신이 붙었으니 자리를 옮겨야 한다"고 말했다. 아들들이 그 말을 좇아 아버지를 들것에 실어 집 뒤에 내놓았는데, 범이 그 아버지를 잡아먹었다고 한다. 이것은 미신이나 전염병 때문이었지, 일반적인 장례 풍습은 아니었다.

하지만 조선 시대 사람들은 고려를 깎아 내리기 위해, 이런 사례를 부풀려 다음과 같이 의심스러운 기록을 남겼다. "고려 때에는 무지몽매한 백성이 사심을 품어 부모가 집에서 죽으면 집을 부수고 미처 숨이 끊어지기도 전에 밖에 버린다"(『연려실기술』).

실제의 고려는 불효죄를 엄격하게 처벌한 나라였다. "조부모나 부모가 살아 있는데 아들과 손자가 호적과 재산을 달리하고 공양을 하지 않을 때에는 징역 2년에 처한다"(『고려사』 권 84)고 할 정도였다. 국왕이 효자와 여든 살 넘은 노인에게 선물을 주고 잔치를 베풀기도 했다. 이런 나라에서 고려장을 지냈을 리 없었다.

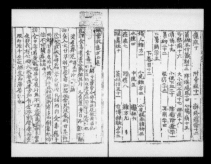

▲ 「향약구급방」 : 남아 있는 우리 나라 의학서 가운데 가장 오래된 것. 창포·국화·인삼 등 향약재 181종의 맛과 효능, 독성, 채취 방법을 서술하여 일반인도 쉽게 약재를 구할 수 있도록 했다. '구급방'은 응급 조치를 뜻한다. 하권에 부인과 1개 항목과 소아과 2개 항목을 두어 신생아와 영아 사망에 적극적으로 대처하는 법을 알려주고 있다. 이 책이 당시 현안이었던 인구 증가와 밀접한 연관이 있었음을 알 수 있다.

◉ 고려의 의학 ─ 수명 연장이 가능해진 사회

12~13세기는 고려 의학의 르네상스였다. 고려인이 직접 쓴 의학책이 나왔던 것이다. 김영석의 『제중입효방(濟中立效方)』, 최종준의 『신집어의촬요방(新集御醫撮要方)』, 정안의 『향약구급방(鄉藥救急方)』 등이 그것이다.

우리 나라에서 나는 약재인 향약이 많이 개발되면서, 의학적 소양이 깊은 관리들이 고향으로 돌아가 향약재를 이용한 치료와 연구를 활발히 한 결과였다.

이전에 중국에서 들여온 의학책만 있을 때는 값비싼 수입 약재를 감당할 수 있는 일부 계층만 의사의 진료를 받을 수 있었다. 그러나 고려인이 고려의 약재를 연구하고 고려인의 체질을 살펴 쓴 의학책은 일반 백성도 의술의 혜택을 입을 수 있게 했다.

1391년(공양왕 3년)에 약을 파는 공공 기구인 혜민전약국(惠民典藥局)을 설치하여 활성화시킨 것은 그러한 움직임을 반영한다. 관에서 약값으로 오승포 6천 필(疋)을 마련하여 약물을 골고루 갖추게 한 다음, 질병이 생긴 사람이면 누구나 쌀이나 베를 가지고 와서 약을 사도록 했다.

의학이 발달하면서 영아 사망도 줄어들고 성인 건강도 향상되어 평균 수명이 늘어나고 인구도 증가했다. 인구 증가는 곧 노동력의 증대를 뜻했으므로, 고려 정부는 '인구흥(人口興)'이란 캠페인을 펼쳤고, 지방관들은 의술의 보급에 큰 관심을 두었다.

고려 왕의 평균 수명은 무인의 난 이전에는 39.39세에 불과했지만, 그 이후에는 49.79세로 10년 가까이 크게 늘어났다. 이러한 추세는 아이들이 일찍 죽는 현상이 사라져가는 추세와 거의 일치하고 있다.

▲ 고려의 침통 : 사람이나 동물의 혈(穴)을 찔러서 질병을 고치는 의료 도구인 침을 넣어 두는 작은 통. 지금까지 전해지는 신라 시대나 고려 시대의 침통은 대개 사진에서 보는 것처럼 원통 모양이며, 금이나 은, 청동 따위로 만든다. 고려 시대 침은 침통(왼쪽)과 뚜껑으로 나뉘는데, 뚜껑을 덮으면 침통은 1/4 가량만 보이고 나머지는 뚜껑이다. 바탕은 은으로 도금한 것도 있고 도금하지 않은 것도 있다. 길이 6.7~8.2cm.

◀ 약 절구와 약 상자
약 절구(위)는 약재를 넣고 빻는 데 쓰는 도구였다. 광택이 은은하며 약간의 균열이 있다. 높이 12.3cm, 입지름 22.4cm, 바닥 지름 9.0cm.

약재를 담아 두던 도구인 약 상자(아래) 뚜껑에는 편평하고 둥그런 윗면에 구름·용 무늬와 '상약국(尚藥局)'이라는 글자가 음각되어 있다. '상약국'은 궁중에서 약재를 담당하던 관청의 이름이다. 높이 9.3cm, 입지름 7.0cm, 바닥 지름 5.5cm.

붓 끝 으 로 이 룬 고 려 인 의 정 토 (淨土)

고려 불화의 세계

아름다운 동세. 섬세하고 정교한 묘사. 우아하고 화려한 색채. 고려 불화 앞에 서면 누구나
할 말을 잃는다. 길이 2m가 넘는 대형 불화 「관경변상도」 앞에 서면, 몇 시간을 보고 또 봐도 그림을
다 감상했다는 생각이 들지 않는다. 볼수록 새롭다. 청자를 만든 고려인의 미의식은 불화에서도
유감없이 발휘되고 있는 것이다.

　　고려 불화는 세계 불교 회화의 최고봉이다. 그런데도 정작 국내에서는 최근까지도 고려 불화를 가까이
접할 기회가 없었다. 대부분의 고려 불화가 일본에 있기 때문이기도 하지만, '고리타분한' 종교화로
치부하고 넘어간 탓도 있을 것이다. 동서양을 가릴 것 없이 중세 회화의
꽃은 종교화였다. 중세는 두말할 나위 없는 종교의 시대. 중세인은
독실한 신앙심을 표현하기 위해 그 시대 최고의 감수성과 미의식을
동원했다. 중세인에게 종교는 곧 생활이요, 종교화에 그려 놓은
신과 부처는 그들이 꿈꾸던 이상적인 자기 자신이었다.

　　고려 불화의 주인공인 부처와 보살 역시 고려인의 내면에 간직된
가장 아름다운 그들 자신의 모습이었다. 그래서 고려 불화를
가만히 들여다보면 고려인의 모습이 떠오르고
그들의 심성을 느낄 수 있다. 그들이 들려 주는
이야기도 끊임없이 들려 온다. 그 이야기에 귀를
귀울이다 보면, 격동과 변화의 세월을 살며
그들이 꿈꾸던 이상향을 발견할 수 있을 것이다.

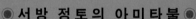

● 서 방 정 토 의 아 미 타 불 ●

고려 불화에 가장 많이 등장하는 부처는
아미타여래. '여래'는 부처(佛: 불)의 다른
말이다. "나무아미타불(아미타여래께
귀의합니다)"을 열심히 외면 극락정토에
갈 수 있다고 해서 고려 후기에 인기가 높았다.
부처는 본래 석가모니 한 분이었으나, 우리 나라
를 비롯한 대승불교 문화권에서는 누구나 해탈하면
부처가 될 수 있다고 믿어 수많은 부처가 '창조'되었다.
　　그 중 하나인 아미타여래는 서방 극락 세계에 살고
있다. 무량수불로도 불리므로 무량수전은 곧 그를
모시는 곳. 아미타여래는 홀로 그려지기도 하지만,
좌우에 부처가 되기 위해 수행하는 존재인 보살을
거느리고 등장하기도 한다. 부처를 수행하는
보살을 협시보살이라고 한다. 고려인이 가장
즐겨 그린 보살은 아미타여래의 협시보살인
관음보살과 지장보살이다. 이 두 보살은 고통
받는 사람을 구해 주는 고려인의 벗이었다.

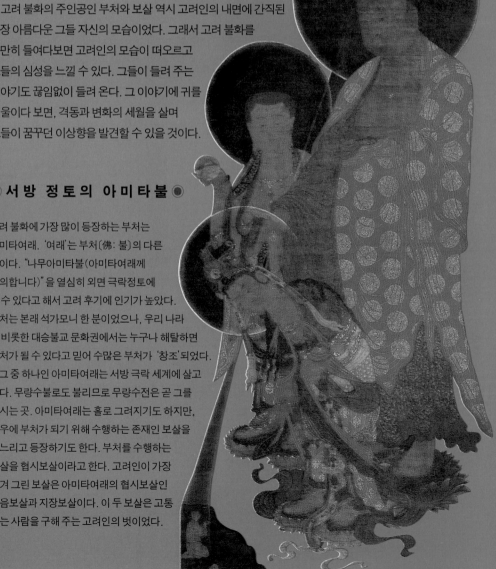

▲ **아미타여래도** : 푸른 연꽃 대좌 위에서 결가부좌를
하고 있는 아미타여래의 당당하고 위엄 있는 모습.
두광(頭光)과 신광(身光)을 갖추고 설법하는 자세이다.
고려인이 얼마나 아미타여래를 사랑하고 찬양했는지는
그가 입은 화려한 금란가사로도 짐작할 수 있다.
가사는 지름 7cm 가량의 금색 연꽃·당초·원 무늬로
빈틈없이 채워져 있으며, 무늬 하나하나가 감탄사가
절로 나올 만큼 섬세하고 화려하다.
비단에 채색. 177.9×106.9cm.

▶▶ **아미타여래의 치마 무늬** : 「아미타여래도」의
군의(裙衣) 왼쪽 무릎 부분을 확대했다. 붉은색 바탕에
보상화라는 상서로운 꽃이 덩굴처럼 엮인 무늬를
금 물감으로 세밀하게 그렸다. 무늬에는 금선만을 쓰고,
윤곽선과 옷주름선에 금선과 함께 먹선을 사용한 것이
고려 불화의 특징이다.

▶ **아미타삼존도** : 아미타여래가 좌우에 관음보살과
지장보살을 끼고 죽은 사람을 극락으로 맞아들이는
모습. '아미타내영도(阿彌陀來迎圖)'라고 한다.
앞으로 나와 죽은 사람을 맞이하는 관음보살과
뒤쪽으로 한 발짝 물러선 아미타여래가 그림의
중심축을 이룬다. 이들과 조금 사이를 두고 뒤에서
정면을 바라보고 있는 지장보살은 세 주인공 사이에
흐르는 팽팽한 긴장을 누그러뜨리며 전체 구도에
여유와 탄력을 주고 있다. 화려하면서도 우아한 색상,
정교한 기법과 치밀한 구도는 이 그림을 고려 불화
중에서도 걸작으로 손꼽히게 한다.
비단에 채색. 110.7×51.0cm.

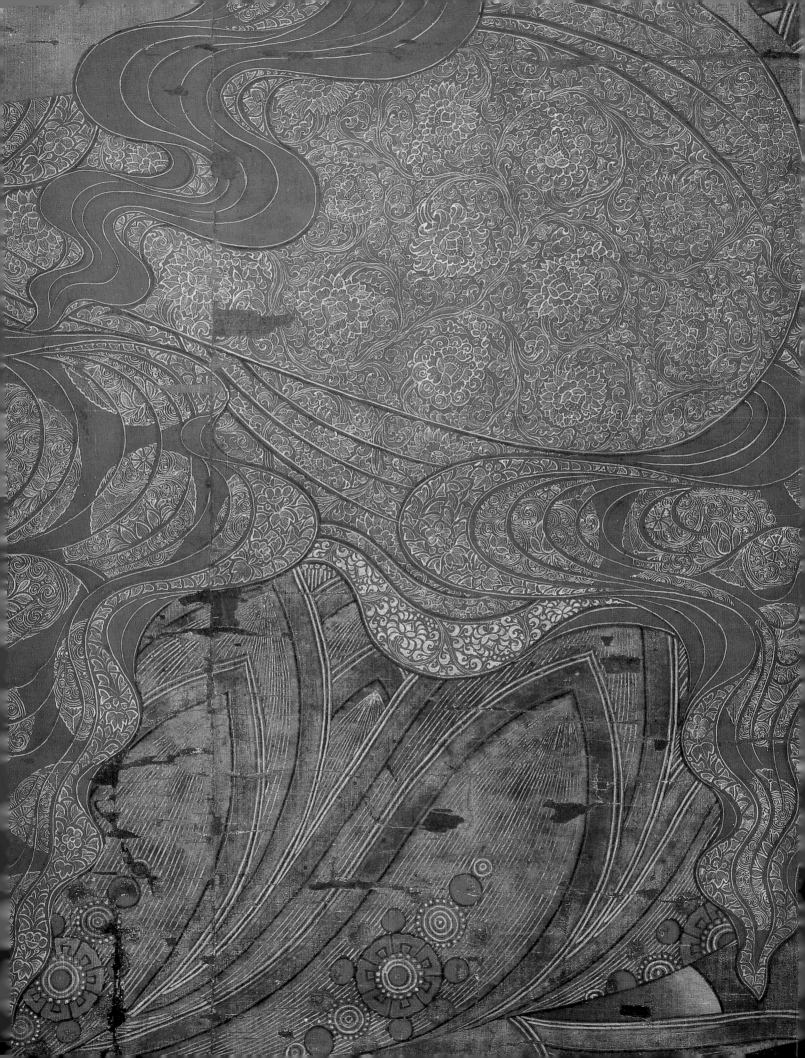

불화 캐릭터 열전

불화의 주인공은 단연 예배 대상인 부처와 보살이다. 불화의 목적은 그들을 이상적으로 그려 내는 데 있다고 해도 과언이 아니다. 그러나 여러 불화, 특히 경전의 내용을 그림으로 그린 변상도에는 개성적인 여러 조연과 각종 소품이 등장해서 한층 아기자기하고 흥미로운 화면을 창조하고 있다. 이처럼 고려 불화에 등장하는 여러 캐릭터는 우리에게 고려인의 모습을 짐작케 해 준다. 또 불화에 등장하는 장구·향로 등 각종 기물의 모습은 지금 남아 있는 고려 시대 유물과 똑같다. 따라서 삼국 시대 사람들보다 덜 알려진 고려인의 생활상을 농사짓기나 혼인 같은 불화 속 장면에서 짐작해 볼 수도 있다.

연꽃 : 인도에서는 옛날부터 연꽃을 신성한 꽃으로 숭배했다. 불교에서는 부처를 상징하는 꽃이다. 부처를 예배할 때 공양하는 꽃으로도 쓰인다.

두광(頭光) : 부처 또는 보살·나한 등 깨달음의 경지에 이른 사람들의 몸에서 나오는 밝은 빛. 나한의 경우에는 이 그림에서처럼 머리에서 빛이 나오는 경우가 많다.

열 여섯 나한(羅漢)의 행진

나한은 석가모니의 가르침을 받아 깨달음을 얻은 제자를 가리킨다. 그는 모든 번뇌를 끊고 참지혜를 얻어 세상 사람의 존경을 받을 만한 성인의 반열에 올랐다. 석가는 16명의 나한에게 자신이 죽은 후에도 길이 세상에 남아 각지에서 불교를 지키고, 중생을 도와 구제하도록 했다. 지팡이를 쥔 나한, 연꽃 가지를 들고 있는 나한, 꽃 쟁반을 든 나한, 향로를 들고 있는 나한 등 다른 불화에서와는 달리 표정과 자세가 매우 개성적이고 자연스럽다.「석가삼존십육나한도」.

슬픈 시녀들

고대 인도에서 왕자가 왕위를 빼앗고 왕과 왕비를 가둔 사건이 있었다. 그 일을 다룬「관경서분변상도」일부. 비탄에 빠진 왕비를 모시는 500 시녀의 슬픈 표정이 애처롭다. 오른쪽 시녀는 고개를 돌리고 손으로 입을 막은 채 흐느끼고 있다.「관경서분변상도」.

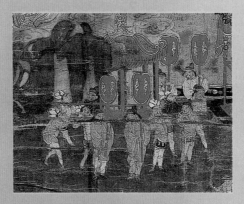

가마 타고 시집가네

미륵은 전륜성왕이라는 성군이 다스리는 나라에서 태어난다. 이곳 주민의 수명은 8만 4천 살, 여자는 5백 살이 되어야 혼인을 한다. 이 그림은 경전 내용에 따라 묘사한 혼인 장면이다. 신부를 태운 가마와 가마꾼의 모습이 사실적이다.「미륵하생경변상도」.

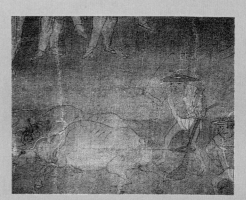

미륵 세상에서 농사짓기

미륵이 태어난 곳은 즐거움이 충만한 세계이다. 이곳 사람들은 오래 살며 먹고 입는 물자가 풍족하다. 곡식도 잘 자라 수확이 풍성하다. 소를 몰아 쟁기질하는 농부도 흥겹고 신이 난 표정이다. 이를 통해 고려인이 농사 짓는 모습을 추측할 수 있다.「미륵하생경변상도」.

음악이 흐르는 풍경

극락세계를 악기로 묘사하는 것은 극락의
오묘한 음악 소리를 회화적으로 표현하는 방법.
불화의 악기들은 현재 우리가 사용하는 악기와
큰 차이가 없다.「관경변상도」.

고려인의 얼굴일까

이 사람들은 죄를 짓지 않고 착한 일을 해서 극락에 태어났지만, 부처의 지혜를 의심하여 극락의 변두리
에서 오백년을 보내야 하는 부류이다. 그 속에는 승려와 함께 남녀 세속인이 섞여 있으며, 저마다 뚜렷한
개성이 엿보인다. 이들이야말로 화공의 눈에 비친 당시 고려인의 모습이 아닐까?「관경변상도」.

▶ 연꽃 속에 태어나는 사람.
지옥에 떨어져야 마땅할
극악한 죄를 지었지만,
죽기 직전에 아미타불을
염불하여 극락에 태어난,
억세게 운 좋은 사람.
하지만 그는 세상이 열두번
허물어지고 다시 만들어지는
오랜 시간이 흐른 뒤에야
봉오리에서 나올 수 있다.

▲ 염라대왕에게 잡혀간
도명 스님이 지장보살을
만나고 돌아온 설화에
등장하는 사자.
부처의 지혜를 상징하면서
석가를 왼쪽에서 모시는
문수보살의 화신이라고
알려져 있다.

염 라 대 왕

고려 불화 지장보살도에는 도명이라는 승려와 염라대왕이 나타나는
예가 있다. 염라왕에게 잡혀갔다가 살아 돌아온 승려 도명의 전설을
바탕으로 그린 것이라 한다. 염라왕은 황제가 입는 최상급의 정장인
금관과 조복을 입고 경건히 서 있는 모습이다.「지장삼존도」.

고 려 의 관 리

「지장보살도」에 등장하는 관리의 모습. 한 사람은 복두라는 모자를 쓰고 공복을 입었
으며 허리에 띠를 차고 홀을 들었다. 또 한 사람은 두 손으로 두루마리 모양의 기록물
을 건네고 있다. 당시 고려 문신의 모습을 그대로 묘사한 듯하다.

⊙ 고려 불화의 비밀, 복채법

고려 불화를 보면 화려하고 아름답다는 생각이 절로 든다. 도대체 그런 아름다움은 어디에서 나오는
것일까? 그 비밀의 하나는 고려인들의 안료를 쓰는 특별한 기술에서 찾을 수 있다. 고려 화공들은 중
간색을 쓸 때 염료를 직접 섞어서 쓰지 않고 복채법이라는 독특한 방법을 사용했다. 복채법(伏彩法)
은 화면의 뒷면에서 물감을 칠해 앞면으로 색이 배어나오게 하는 기법이다. 이런 방법이 가장 많이 쓰
인 것은 불화의 피부색이다. 피부를 그릴 때 백색안료를 뒷면에서 칠한 다음 앞면에서 다시 붉은 색이
나 황토색 계열의 안료를 엷게 칠하여 부드러운 살색을 연출하였다. 피부 외에도 복채법은 상당히 많
은 부분에서 활용되었다. 뒷면의 색과 앞면의 색을 같은 색으로 칠한 경우도 있고, 뒷면의 색과 어울
리는 다른 색을 배색해서 앞면에 칠한 경우도 있으며, 어떤 것은 앞면에 의도적으로 색을 칠하지 않고
뒷면에서 배어나오는 효과를 그대로 살린 경우도 있다. 복채법의 효과는 일석이조이다. 안료를 직접
섞어서 만든 중간색은 탁하지만 복채법으로 표현된 중간색은 자연스러우며 부드럽고 깊이 있는 색감
을 준다. 또 복채법은 물감을 뒷면에서 칠하고 앞면은 엷은 채색만으로 효과를 내었기 때문에 상대적
으로 화면의 손상을 줄일 수 있는 기능적인 면도 있다.

善知衆藝童子

偏友童子

▲ 금으로 그린 화엄경 변상도 : 최안도라는 관리가 돌아가신 부모님이 안락한 세계에 왕생하여 그곳에서 오래오래 행복하게 살기를 빌며 만든 사경(寫經 : 55쪽 참조). 제목은 『대방광불화엄경(大方廣佛華嚴經)』.
(사진은 이 책에 실린 그림인 「변상도」). 이 책은 『화엄경』 중 입법계품(入法界品)만을 따로 번역한 『사십화엄』 의 31권으로, 진리를 찾는 선재동자의 구도 여행 중 43~45번째 이야기를 기록하고 있다.
1337년(충숙왕 6년). 19.0×35.9cm . 전체 31.0×881.7cm. 국보 215호.

大方廣佛華嚴經卷第三十一變相

天主光天女

책 속에 숨은 명화 ❶ ─ 사 경 화

짙은 쪽빛 종이에 금가루로 그린 아래 그림들은 고려 불경 속에 실린 작품이다. 경전 내용을 이해하기 쉽게 표현한 일종의 삽화로서 '사경화'라고 불린다. '사경'은 손으로 글씨를 한자한자 써서 만든 필사본 경전을 말하는데, 고려인은 어려운 경전 앞에 그림을 실어 경을 읽지 않아도 내용을 이해할 수 있도록 배려했다.

본래 사경은 목판경이 나오기 전에 유행한 경전이었지만, 목판경이 나오고 난 뒤에도 계속해서 제작되었다. 고려 국왕이나 문벌·사대부는 현세와 내세의 부귀와 안녕을 빌며 개인적으로 경전을 만들어 소장했다. 이러한 경전이 필사본 사경으로, 당대의 뛰어난 승려와 예술가의 손을 빌려 제작된 최고급 장서였다. 두꺼운 색지에 금·은과 같은 귀금속 재료를 이용해서 글씨를 쓰고 그림을 그렸으며, 표지도 호화롭게 장식했다. 여기에 실린 그림인 사경화는 삽화라고 하기에는 너무나 아름답고 예술성이 뛰어난 작품들이 많다. 가는 선만 사용해서 형태와 면을 사실적으로 묘사했으며, 배경은 꽃잎으로 촘촘히 채운 것이 많아 하늘에서 꽃비가 내리는 듯한 신비로운 느낌을 준다.

▲ 가장 오래된 사경화
신라 경덕왕 때 제작된 「화엄경 변상도」. 훼손된 오른쪽 부분 중앙에 비로자나불이 있는 것으로 짐작된다. 그림 중심에 보현보살이 설법 자세를 취하고 있고 여러 보살이 그 주변을 둘러싸고 있다.
배경이 되는 2층 누각은 신라 시대 건축물. 이중원 무늬를 새긴 막새기와와 추녀 끝에 매달린 작은 풍경이 앙증맞다. 검붉은 색종이에 금 안료로 그렸는데, 구름·광배·연꽃 등에 부분적으로 은을 사용해서 고상한 느낌을 준다.
25.7x10.9cm, 국보 196호.

▼ ▶ 이야기가 있는 그림 : 고려 시대 법화경 사경에 실린 변상도의 부분. 돈 많은 장자가 잃어버렸다 되찾은 아들에게 자애를 베푸는 과정을 부처님의 가르침에 비유한 그림이다. 아래 세 수레는 중생들을 고통으로부터 구제하기 위한 유인책을 표현한 것이다. 배경의 점들은 마치 복사꽃이 흩날리는 따뜻한 정토의 봄날을 연상케 한다. 남색 종이에 금 안료로 그렸다. 전체 19.9x39.2cm의 부분.

◀ 목판경 속의 산수
초조대장경에 수록된 경전 가운데 하나인 『어제비장전』에 실린 고려 초기 판화. 대자연을 배경으로 한 서사적인 그림이다. 불과 폭 50cm 정도의 작은 작품이라는 점을 고려하면, 선이 간결하면서도 나무와 풀, 바위와 집을 묘사한 것이 판화로 보기 힘들 만큼 섬세하다. 닥 종이에 목판 인쇄. 23.2×53.3cm.

책 속에 숨은 명화 ❷ — 판 경 화

목판경이 나올 때까지 모든 경전은 사경이었다. 그러나 목판이 발달하면서, 대부분의 경전은 많은 양을 찍어 낼 수 있는 목판경으로 바뀌었다. 그리하여 사경은 신앙심을 키우고 공덕을 쌓기 위해 제작되었고, 부처의 가르침을 익히려는 실용적 목적은 목판경이 대신했다. 목판경에도 경전의 내용을 소개하는 그림이 들어가는데, 그것은 조각도로 나무에 새겨서 종이에 찍은 판화였다. 판화가 주는 느낌은 붓으로 그린 사경화와 사뭇 다르다. 흰 종이에 검은 먹물로 찍어 냈기 때문에 우선 느낌이 소박하다. 그리고 나무의 결, 여러 차례 찍어야 하는 실용성 때문에 사경화보다는 선이 간결하고 담백하다. 그러나 이 같은 판화도 처음에는 사경화를 그대로 모방해서 만들었기 때문에 목판화라고 믿기 어려울 정도로 표현이 섬세하고 빈틈없는 것들이 많았다. 하늘과 땅, 그리고 사물의 면은 사경화처럼 가느다란 선으로 빼곡히 메웠다.

하지만 시간이 지나면서 나무라는 재료에 맞게, 또 정보를 효율적으로 전달하기 위해 불필요한 표현을 생략하고 여백을 살려 나갔다. 또 경전의 앞 부분뿐 아니라 본문 속에도 만화 같은 그림을 배치하여 글을 읽지 못해도 경전 내용을 알 수 있도록 했다.

▲ **해인사 고려경판** : 11~12세기에 제작된 경판. 지금 이 경판으로 인쇄해도 섬세한 그림을 얻을 수 있을 만큼 단단하다. 이 그림은 「화엄경 변상도」로 석가모니가 인도 마가다국의 보리수 아래에서 깨달음을 얻는 장면을 새겼다.

▶ **그림과 함께 보는 불경** : 고려 후기인 1363년에 제작된 「금강경 변상도」 판화이다. 윗부분에는 변상이, 아랫부분에는 경문이 배치되어 있어 글을 읽지 않고 그림만으로 경전 내용을 이해할 수 있도록 한 점이 흥미롭다. 이 판화는 내용 전달을 주목적으로 하기 때문에 사경 변상도처럼 정밀한 표현보다는 작은 화면에 표현하고자 하는 내용을 간략히 묘사하고 이야기를 몇 장면의 그림으로 짜임새 있게 전달하기 위해 노력했다.

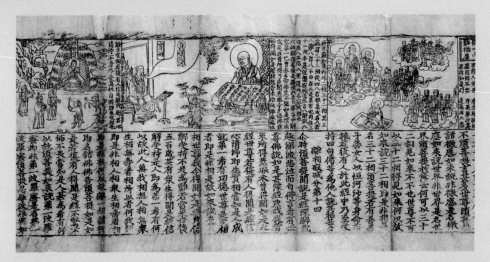

◉ 불경을 보면 책의 역사가 보인다

서양 중세에 제작된 책들이 대부분 성경이라면 고려 시대에 만들어진 책의 대부분은 불경이었다. 불경은 고려인의 책 문화를 그대로 보여 준다. 불경을 장정할 때에는 미적인 면뿐 아니라 실용성을 고려한 다양한 형식을 이용했다. 한 장으로 만들어 부적처럼 몸에 지닐 수 있도록 한 것도 있고, 병풍처럼 접어서 앞 뒤를 쉽게 펼쳐볼 수 있도록 만든 것(절첩본)도 있다. 또, 한 장으로 길게 이어 붙여서 두루마리 책(권자본)으로 제본한 것도 있는데, 이것이 고려 시대에 가장 널리 쓰였다. 고려 후기에 이르러 목판 인쇄를 통해 책이 대량 보급되면서, 그에 따라 읽기 편한 실용적 제본 양식이 등장했다. 오늘날처럼 한 장씩 넘기는 책(선장본) 형식은 이때 처음 나타났다.

▲ **경갑과 다라니경** : 은으로 만든 작은 경갑과 그 안에 들어 있던 산스크리트 어 다라니경. 몸에 부적처럼 지니고 다니던 물건이다. 경갑 크기 8.2×3.1cm.

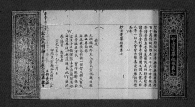

절첩본·「묘법연화경」 1377년. 국보 211호.

권자본·「남지은자불공견삭신변진언경」 1275년. 국보 210호.

선장본·「직지심체요절」 1377년.

고 려 생 활 관   2

전시 PART 2

이곳에서는 격동기 고려인의 생활과 관련된 여러 가지 주제를 다양한 구성과 깊이 있는 해설을 통해 새롭게 이해할 수 있습니다. '가상체험실'에서는 깊은 신앙심과 높은 문화 역량, 최고의 인쇄 기술이 어우러져 빚어 낸 신비의 문화 유산인 팔만대장경이 만들어지는 전 과정을 체험합니다. '특강실'에서는 몽골 세계 제국 체제에서 고려가 차지했던 지위를 살펴보고, 고려 사회가 요구한 개혁의 과제를 고려인이 어떻게 풀어 나갔는지 알아봅니다. 마지막으로 '국제실'에서는 세계에서 가장 먼저 금속활자를 발명하고 팔만대장경을 창조한 고려 인쇄술의 자존심을 세계 인쇄 문화의 역사를 살펴보면서 다시 한 번 되새깁니다.

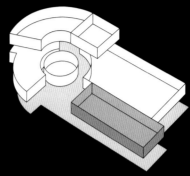
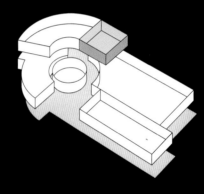
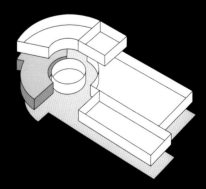

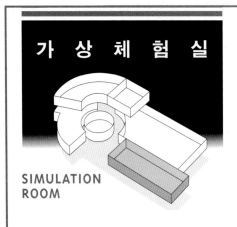

무슨 정신 나간 짓이었을까? 온 나라가 침략군의 말발굽에 시달리고 있는데, 국력을 쏟아 부어 가면서 한다는 일이 어마어마한 규모의 불경을 만드는 일이었다니! 그 정성, 그 인력을 전쟁터에 쏟아 부었더라면……. 고려가 몽골의 침략을 받아 이를 물리치려고 팔만대장경을 만들었다는 이야기를 들으면 이런 생각을 하기 쉽다. 그러나 팔만대장경이 만들어지는 현장에서 그 모든 과정을 체험하고 난 뒤에도 과연 그런 생각을 계속할 수 있을까?

고려의 혼, 팔만대장경

고려는 대장경을 두 번 만들었다. 거란의 침입을 겪은 뒤 만든 첫 번째 대장경은 1232년 몽골의 2차 침입 때 불타 없어졌다. 부처의 가르침을 모아 놓은 대장경은 불교 국가 고려의 혼이요 문화 국가 고려의 자존심. 그것을 야만적인 침략군이 불살라 버렸다. 혼과 자존심을 짓밟힌 채 무기만 곧추세운다고 싸움이 될까? 고려인은 결심했다. 대장경을 다시 만들어 고려의 얼을 바로 세우겠다고. 그 열정과 불심으로 고려의 강토를 뒤덮어 오랑캐를 떨게 하겠다고. 고려인에게는 그것을 해낼 문화 역량과 경제력이 있었다. 1251년 6천 5백여 권의 분량으로 완성된 이 두 번째 대장경이 8만 1천여 매의 경판으로 이루어진 '팔만대장경'. 근대 이전의 대장경으로는 유일하게 경판이 온전하게 남아 있으며 내용도 가장 정확하다. 그렇지 않을 수 있겠는가?

대장경 판각지로는 여러 곳이 거론되고 있다. 여기는 그 중 하나로 추정되는 경상남도 남해군 대사리 일대. 작업장에서는 목재 가공에서부터 대장경의 판각, 조각도와 경판 쇠붙이의 제련, 종이 생산까지 모든 공정이 분업적으로 이루어졌다. 남해 향토사학자 정상운씨의 가설을 바탕으로 재현했다.

2 "오랑캐들이 불태운 부처님의 가르침을 다시 만들자!" "대장경을 만들어 오랑캐를 물리치자!" 고려 조정은 없어진 대장경을 다시 만들기로 결정했다. 엄청난 제작비를 마련하기 위해 왕실과 재상·관료는 자신의 재산을 내놓았고, 승려와 장인·백성도 대장경 제작에 적극 참여했다. 대장경을 만드는 책임자로는 논산 개태사의 주지를 맡고 있던 화엄종 승려 수기(守其) 스님이 임명되었다. (79쪽 그림)

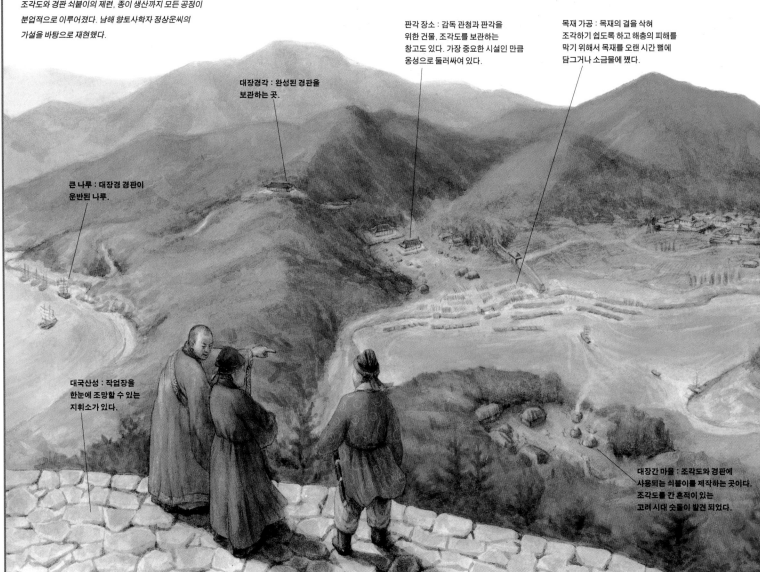

대장경각 : 완성된 경판을 보관하는 곳.

판각 장소 : 감독 관청과 판각을 위한 건물, 조각도를 보관하는 창고도 있다. 가장 중요한 시설인 만큼 옹성으로 둘러싸여 있다.

목재 가공 : 목재의 결을 삭혀 조각하기 쉽도록 하고 해충의 피해를 막기 위해서 목재를 오랜 시간 뻘에 담그거나 소금물에 쪘다.

큰 나루 : 대장경 경판이 운반된 나루.

대국산성 : 작업장을 한눈에 조망할 수 있는 지휘소가 있다.

대장간 마을 : 조각도와 경판에 사용되는 쇠붙이를 제작하는 곳이다. 조각도를 간 흔적이 있는 고려 시대 숫돌이 발견 되었다.

1 초원을 통일하고 유라시아 정벌에 나선 몽골 군은 드디어 고려에까지 쳐들어왔다. 몽골 군의 말발굽이 지나는 곳마다 마을과 논밭은 황폐해지고 재물은 약탈당했다. 특히 크고 화려한 사찰들은 몽골 병사들이 집중적으로 노략질하는 대상이 되었다. 경상도 팔공산 기슭의 부인사도 몽골 군의 약탈로 불타는 바람에 이곳에 보관되어 있던 초조(첫번째)대장경은 한순간에 잿더미로 변했다. 무려 20년에 걸쳐 만든 6천여 권 분량의 경판이······.

3 대장경 경판을 만드는 실제 작업은 외적이 침입할 위험이 없고 경판으로 쓸 나무를 쉽게 구할 수 있는 남해에서 진행되었다. 수기 스님이 남해에서 정안과 함께 대장경을 만드는 작업장을 둘러보고 있다. 그 옆에 서 있는 정안은 최우의 처남. 무인 정권의 횡포가 심해지자 자신의 토지가 있던 이곳에 와서 불교에 귀의했다. 그는 많은 재물을 회사하면서 대장경 간행에 협력했다.

마을 : 대장경 작업을 위해 개경에서 식솔을 이끌고 내려온 장인이나 감독관이 사는 곳.

신호소 : 뗏목 조정수에게 물때를 알리는 곳. 물때에 따라서 이곳 바다는 갯벌이 완전히 드러나곤 하는데, 이때 뗏목은 작업장에 들어오지 못하고 대기소에서 기다려야 한다.

섬진강 : 대장경 판각에 쓰일 재목은 지리산에서 벌목해 섬진강을 통해 남해로 운반한다.

뗏목 : 대장경 제작 기간에 수많은 목재가 이런 뗏목 형태로 섬진강에서 남해로 줄지어 들어왔을 것이다.

종이 마을 : 닥나무를 사방에 심어서 잘 가꾸었다. 마을 앞을 흐르는 맑은 계곡물을 종이 만드는 데 썼다.

▲ **남해 분사 대장도감이 위치한 곳** : 현재 대장경 판각지의 하나로 추정되는 경상남도 남해 관음포·대사리 지역은 오랜 시간 대장경을 제작하기에는 천혜의 장소였다. 우선 내륙 깊숙이 들어가 있어 바깥 바다에서 보면 제작지가 전혀 보이지 않는다. 또 조차가 커서 밀물에는 목재를 운반할 수 있고 썰물에는 나무들을 쉽게 뻘에 담글 수 있다. 조류의 흐름도 목재 운송에 유리했다. 지금도 섬진강 하구에 재목을 가만히 내려놓으면 조류에 밀려 남해 대사리까지 저절로 떠내려온다. 대장경을 만드는 데 가장 많은 비용을 댄 집권자 최우의 식읍(食邑)이 부근에 많아서 경비를 조달하기도 쉬웠다.

4 모든 가공 단계를 거친 판재는
이곳에서 불경을 담아 하나의 경판으로 태어났다.
대장경에 새길 불경은 초조대장경과 여러 나라의
대장경을 엄격하게 대조하는 고증 작업을 거친 다음
종이에 베껴 썼다.

잘 손질된 판목과 정서된 원고가 각수(글자 새기는 사람)의
손에 도착하면, 판각 작업이 이루어졌다.
모두가 불교 신자인 고려인에게 이것은 부처의 설법을
널리 알리는 성스러운 작업이었다. 따라서 작업장에는
작은 법당이 마련되어 있었으며, 작업 분위기는 경건했다.

작업장에서는 수기 대사와 각수, 그리고 작업 보조가
일을 하고 있었다. 각자가 맡은 역할이 있었지만
그래도 가장 중요한 사람은 각수였다. 그들은 여러 해 동안
목각을 해온 숙련공이었다. 경판을 찍을 때 인쇄된 글씨가
베껴 쓴 글씨와 다를 바 없으려면 조각 실력이
여간 뛰어나지 않으면 안 되었다. 그런 솜씨를 가진 각수는
그리 많지 않았으므로 아마 전국의 각수가 모두
대장경 작업에 동원되었을 것이다.

각수는 원고를 판목에 붙이고 마지막 교정을 보는 일까지
직접 했다. 그래야 오류가 적기 때문이다.
다만 시간을 단축하기 위해 글씨를 제외한 여백을 파내거나
먹을 가는 일, 또 인쇄하는 일은 숙련되지 않은 사람이 맡았다.
이 그림은 전통 목공예가 이산 안준영씨의 고증으로 재현하였다.

● 판각 작업 : 완성된 판하본을 준비된 판목에 고루 풀칠해서 붙이고 새겼다.
인쇄할 때 글자가 바로 찍히도록 글자가 씌어진 면이 나무에 닿도록
뒤집어 붙이고 그 위에 다시 한 번 풀칠을 해서 말렸다.
판하본의 글씨가 잘 보이도록 새기기 직전에 식물성 기름을 얇게 바르고 나서
경판 판각에 들어갔다. 판각은 글씨가 없는 부분을 파내는 돋을새김〔양각〕으로 하며,
판목의 한쪽 면을 다 새기고 나면 뒷면에 다시 판하본을 붙여서 새겼다.
고려대장경판은 이와 같이 한 매의 경판에 대장경 두 면이 새겨져 있다.
경판을 새기는 작업에는 수많은 각수가 참여했는데, 경판 구석에 판각을 맡은
각수의 이름이 새겨져 있기도 하다.

● 대교 작업 : 고증 작업이 끝나면 그에 따라
원고를 만들었다. 원고는 초조대장경 체제대로
한 장에 23줄, 한 줄에 14자, 단정한 해서체.
고려대장경 서체는 당시의 대표적 사경 서체인
구양순체였다. 고려 역대 국왕의 이름에 해당하는
글자는 글씨 일부를 생략해서 존경을 나타냈다.
완성된 원고는 경판에 붙여 글씨를
새기게 되는데, 경판에 붙인다는 의미에서
판하본이라고 불렀다. 원고를 베껴 쓰는 데는
많은 관료와 문인이 적극 참여했다. 여러 사람이
쓰지만 같은 글씨체가 되도록 충분히 연습을
한 후에 베껴 쓰기에 들어갔다.

● 고증 작업 : 정확한 대장경 원고를 만들기 위하여
여러 판본의 책들을 서로 대조하여 검토하는 작업.
초조대장경을 저본으로 하고 송나라와 거란의 대장경,
그리고 별도로 유통되던 단행본의 경전을 비교해서
서로 다르게 나타나는 글자를 확인하고 어떤 글자가
적합한지를 내용에 따라 결정했다.
다르게 나타나는 글자에는 붉은색으로 동그라미를 두르고
적합한 글자를 붉은색으로 적어 넣었다.
고증 작업에는 경전에 밝은 승려가 많이 참여했다.

숙련된 각수가
경판 한 면을 새기는 데
걸리는 시간은
5일 정도로 추정된다.

곱게 두들긴 닥나무 껍질과
풀을 섞은 묽은 종이 죽을
체로 받쳐 얇게 종이를
뜨는 장면이다. 뜨는 양에 따라서
종이 두께가 결정된다.

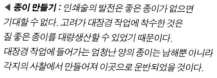

◀ **종이 만들기** : 인쇄술의 발전은 좋은 종이가 없으면
기대할 수 없다. 고려가 대장경 작업에 착수한 것은
질 좋은 종이를 대량생산할 수 있었기 때문이다.
대장경 작업에 들어가는 엄청난 양의 종이는 남해뿐 아니라
각지의 사찰에서 만들어져 이곳으로 운반되었을 것이다.

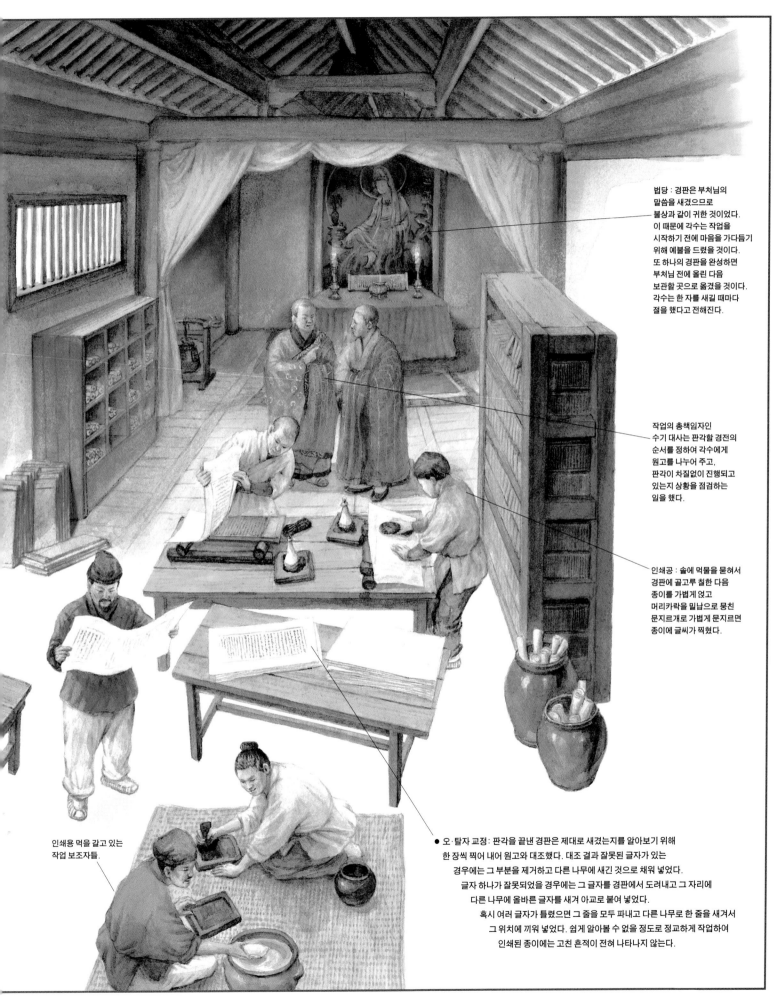

법당 : 경판은 부처님의 말씀을 새겼으므로 불상과 같이 귀한 것이었다. 이 때문에 각수는 작업을 시작하기 전에 마음을 가다듬기 위해 예불을 드렸을 것이다. 또 하나의 경판을 완성하면 부처님 전에 올린 다음 보관할 곳으로 옮겼을 것이다. 각수는 한 자를 새길 때마다 절을 했다고 전해진다.

작업의 총책임자인 수기 대사는 판각할 경전의 순서를 정하여 각수에게 원고를 나누어 주고, 판각이 차질없이 진행되고 있는지 상황을 점검하는 일을 했다.

인쇄공 : 솔에 먹물을 묻혀서 경판에 골고루 칠한 다음 종이를 가볍게 얹고 머리카락을 밀납으로 뭉친 문지르개로 가볍게 문지르면 종이에 글씨가 찍혔다.

인쇄용 먹을 갈고 있는 작업 보조자들.

● 오·탈자 교정 : 판각을 끝낸 경판은 제대로 새겼는지를 알아보기 위해 한 장씩 찍어 내어 원고와 대조했다. 대조 결과 잘못된 글자가 있는 경우에는 그 부분을 제거하고 다른 나무에 새긴 것으로 채워 넣었다. 글자 하나가 잘못되었을 경우에는 그 글자를 경판에서 도려내고 그 자리에 다른 나무에 올바른 글자를 새겨 아교로 붙여 넣었다. 혹시 여러 글자가 틀렸으면 그 줄을 모두 파내고 다른 나무로 한 줄을 새겨서 그 위치에 끼워 넣었다. 쉽게 알아볼 수 없을 정도로 정교하게 작업하여 인쇄된 종이에는 고친 흔적이 전혀 나타나지 않는다.

경판을 만드는 것만큼이나 많은 정성을 들여서 지은 건물이 대장경을 보관하기 위한 대장경 판당이었다.
나무로 된 경판이 오랜 세월 보존될 수 있도록 환기와 통풍에 특별히 신경을 썼다.
강화도에 있던 대장경은 조선 왕조가 세워진 직후인 1398년 경상남도 합천 해인사로 옮겨졌다.

82

5 16년이라는 세월이 흘렀다. 그리고 8만 1137매의 경판이 완성되었다. 수기 대사와 각수, 그리고 이 작업에 참가한 많은 백성은 모든 공정이 성공적으로 끝난 것을 축하하기 위해 부처와 사람을 위한 성대한 잔치를 베풀었다. 이제 남은 일은 이 많은 경판을 수도인 강화도로 옮기는 것이었다. 경판은 포장되어 여러 척의 배에 실린 다음 강화도 항구까지 운반되었다. 강가에 서부터 장경각까지는 수레에 싣거나 사람들이 이고 지고 해서 릴레이식으로 날랐을 것으로 짐작된다. 고려 백성에게 경판을 나르는 일은 부처님의 공덕을 닦는 행복한 축제였다. 경판 운송 행렬의 맨 앞에서 승려들은 경을 외며 일행을 이끌었고, 나라의 보물이 다시 완성된 것을 축하하는 백성의 축하 행렬이 그 뒤를 따랐다.

▶ 거란 대장경: 1031년부터 30년에 걸쳐 편찬된 거란 대장경은 고려에도 여러 차례 수입되었다. 1974년 중국 산시성의 요나라 때 목탑을 수리하다가 일부가 발견되어 처음으로 세상에 알려졌다. 대장경이 그 나라와 종족보다 오래 살아남은 것이다.

세계의 대장경

고려 전기에 해당하는 10~12세기는 대장경의 시대였다. 중국의 송(宋)을 선두로 하여, 당시 고려와 함께 동아시아 국제 질서의 축을 이루었던 거란족의 요(遼), 여진족의 금(金)이 모두 대장경을 만들었다. 불교의 역사가 짧지도 않은데 왜 이 때 들어서야 대장경이 만들어졌을까?

그 전까지 동아시아 한자 문화권은 인도의 불교를 받아들이는 데 힘을 기울였고, 이 시기에 들어와서 독자적으로 불교 체계를 세우고 불경을 집대성할 수 있는 문화 역량이 생겼기 때문이다. 또 송이나 고려가 모두 인쇄술의 혁신을 이룩한 나라라는 기술적 측면도 무시할 수 없다. 이후 중국에서는 원(元)·명(明)·청(淸) 등 역대 왕조가 모두 대장경을 만들었으며, 그때마다 포함되는 문헌의 양도 늘어났다. 대장경 편찬이 늦은 일본도 17세기에 고려와 중국의 대장경을 모델로 한 대장경을 간행했고, 20세기 초에는 한문 불교 문헌을 집대성하는 방대한 규모의 대장경을 완성했다. 고려 시대 이래 대장경은 동아시아에서 한 나라의 문화 수준을 가늠하는 척도였던 것이다. 고려를 계승한 조선만이 독특한 예외였다(상자 글 참조).

◀ 티베트 대장경: 티베트는 중국과 인도에서 불교를 받아들인 까닭에 대장경도 북방·남방 두 불교 문화권의 경전이 함께 수록되어 있다. 서하 대장경처럼 한자가 아닌 자체 문자로 만들어졌다.

▶ 서하의 대장경: 탕구트족이 세운 서하에도 불교 문화가 발달하였다. 중국과 티베트의 불경을 자기네 문자로 번역한 서하의 대장경은 근대에 와 둔황 지역에서 새로 발견되었다.

전자 고려대장경을 만드는 사람들

대장경은 부처님의 말씀을 담은 책이다. 많은 사람들이 그 말씀을 읽고 실천할 때 책으로서 대장경은 그 빛을 발할 것이다. 하지만 조선 왕조가 세워진 이래 고려대장경은 많은 독자를 잃어버렸으며, 책으로서 계속 발전해 나가지 못했다. 이에 반해 조선에서 고려대장경을 하사받아 불경을 공부하던 일본인은 100년 전 마침내 고려대장경을 저본으로 최초의 한자 활자 대장경인 신수대장경을 간행했다. 신수대장경은 고려대장경의 얼마 안 되는 오류까지 고치고 그 후에 간행된 경전까지 포함한데다가, 글자가 통일되어 있고 방점까지 찍혀 있어 현재 가장 널리 이용되고 있다.

사실 팔만대장경은 오래전부터 세계 문화 유산으로 주목받았지만 정작 그 내용은 세인들의 관심 밖이었다. 그런 상황에서도 팔만대장경 전체를 컴퓨터에 입력하여 전자 대장경으로 만든 사람이 있었다. 팔만대장경에 새겨진 한자는 무려 5230만 자. 더구나 목판본이기 때문에 같은 글자도 여러 가지 다른 형태로 씌어 있어 그것을 구별하는 것은 결코 쉬운 일이 아니었다. 그것을 일일이 입력해야 했던 것이다.

9년여의 노력 끝에 완성된 전자 대장경은 이제 더 이상 접근하기 어려운 팔만대장경이 아니다. 누구나 아무 때나 만날 수 있는 부처님 말씀이다. 내용 전체를 검색할 수 있어서 불교 철학 연구에도 활용할 수 있고 역사 자료로도 쓸 수 있다. 이 작업을 생각해 내고 진행한 곳이 해인사 스님을 주축으로 한 고려대장경연구소. 이 연구소 소장인 종림 스님은 "활자 매체 시대에는 놓쳤지만, 전자 매체 시대에는 고려대장경이 세계적인 불교학의 기본 텍스트로 활용되기를 염원하면서 이 작업을 진행했다"고 말했다.

고려대장경연구소 소장 종림 스님

고려대장경연구소는 1993년 발족되어 고려대장경 전산화 작업을 시작해서 2002년 12월 고려대장경 CD를 완성했다. 현재는 세계 각국 대장경을 연결하는 통합대장경 작업을 진행하고 있다.

군대 주둔 NO, 내정 간섭 NO

고려 태자와 쿠빌라이의 만남으로 두 나라 사이의 문제가 한꺼번에 해결된 것은 아니었다. 고려 안에는 강화에 반대하는 항전 세력이 여전히 남아 있었고, 몽골 안에는 유목 국가의 전통이 남아 있었다. 강화가 성립된 뒤 몽골은 고려에 여섯 가지 요구를 했다.

①인질을 보낼 것. ②군사를 내어 몽골의 전쟁을 도울 것. ③식량을 보내 올 것. ④고려에서 몽골에 이르는 교통로를 확보할 것. ⑤호구 조사를 실시해 결과를 보고할 것. ⑥다루가치를 설치할 것.

고려는 이런저런 이유로 시간을 끌면서 몽골의 요구를 수용하지 않았으며, 몽골의 압력이 커질수록 한편에서 강화에 반대하는 항전 세력의 목소리가 높아졌다. 1268년 몽골이 개경으로 돌아올 것을 재촉하자, 항전 세력은 그에 반발하여 국왕 원종을 몰아내고 재항전을 결의하는 등 긴장이 고조되었다. 그러나 몽골의 압력으로 복위한 원종은 곧 몽골 군대를 끌어들여 무인 정권을 무너뜨리고 개경으로 돌아갔다. 이것은 무인 정권이 꼭 100년 만에 막을 내리는 역사적인 장면이었으며, 동시에 몽골의 간섭이 본격화하는 순간이기도 했다.

몽골 군대가 다시 고려에 주둔하고, 다루가치가 파견되어 내정에 간섭하는 등 몽골의 '여섯 가지 요구'는 차례로 실현되었다. 몽골은 막대한 공물을 요구했을 뿐 아니라 일본을 침공하면서 군대와 물자를 징발했다. 고려는 재정이 바닥나고 민생이 피폐해지는 엄청난 피해를 입었다. 고려가 몽골과 강화를 맺은 이후 이 몇 해 동안이 고려로서는 가장 어려운 시기였다.

이러한 상황에서 즉위한 충렬왕은 다루가치 등 원나라 관리의 간섭을 뿌리치고 공물 부담을 줄이기 위해 노력했다. 1278년에는 직접 원나라로 가서 쿠빌라이를 만나 협상을 벌인 끝에, 원나라 군대와 다루가치를 철수시키고 조세 징수의 권한을 고려 정부가 갖는다는 합의를 이끌어 냈다. 이때 조세 징수 권한을 지킴으로써 고려는 독자적으로 재정을 운영할 수 있는 기반을 재확인한 셈이었고, 그 후로는 원에 정기적으로 세금을 내는 일도 물론 없었다.

충렬왕과 쿠빌라이의 합의는 원 간섭기 내내 효력을 유지했다. 이때 철수한 원나라 군대와 다루가치는 다시 돌아오지 않았다. 그뿐 아니라 아주 특별한 몇몇 시기를 빼면 원나라 관리가 내정에 간섭하기 위해 고려에 상주하는 경우도 없었다. 1260년 고려 태자(원종)가 쿠빌라이를 만나 고려 왕조의 존속을 보장받은 이후 약 20년 만에 사대 관계를 기본으로 하는 두 나라 관계가 완성된 것이다. 이것을 원 세조(쿠빌라이) 때 성립된 체제라는 뜻에서 '세조구제(世祖舊制)'라고 부른다.

몽고래습회사(蒙古來襲繪詞) 몽골의 강요에 따라 고려는 몽골과 연합군을 구성해 일본 원정에 나섰다. 사진은 1274년 여·몽 연합군과 일본의 전투를 묘사한 두루마리 그림의 일부.

몽골 천하에서 단 하나

원은 고려에서 관리와 군대를 모두 철수시킨 상태에서 어떤 방법으로 고려에 대한 영향력을 유지했을까? 그 비밀은 고려 국왕에 대한 책봉의 권한에 있었다. 책봉은 사대 관계에서 늘 있던 일로, 고려는 전기에도 송·요·금나라로부터 차례로 책봉을 받았다. 그러나 그때는 국왕이 즉위한 뒤 추인을 받는 형식적 의례에 불과했던 데 반해, 이제는 원나라의 책봉을 받은 다음에 즉위하는 것으로 바뀌었다. 따라서 원의 결정으로 고려 왕이 바뀌는 일이 벌어지기도 했다.

결국 고려는 하나의 국가로 존재하면서 원의 정치적 간섭을 강하게 받았다고 할 수 있다. 이것은 기본적으로 국가 간의 외교 관계였으며, 그 관계를 규정하는 원칙은 중국 왕조와 주변 국가가 전통적으로 맺어 왔던 사대 관계였다. 물론 원의 정치적 간섭이 이전 중국 왕조보다 강했던 것은 사실이다. 그러나 그것은 정복 왕조로 출발한 원의 역사적 특성과 오랜 전쟁 끝에 성립된 고려-원 관계의 특징에서 비롯된 시대적 양상이었을 뿐, 사대 관계의 기본 틀에서 벗어난 것은 아니었다.

그렇다면 당시 고려인은 원과의 관계에 대해 어떻게 생각했을까? 당시 고려에서는 오랜 항쟁 끝에 왕조를 유지할 수 있게 된 것을 다행스럽게 여기는 분위기가 역력했다. 그러면서도 원의 영토로 편입되지 않고 왕조를 유지하고 있는 현실이 역사적으로 볼 때 당연한 것임을 강조했다.

대몽 항쟁을 경험한 일연과 이승휴가 거의 같은 시기(충렬왕 때)에 단군 신화를 기록한 것은 우연이 아니었다. 일연은『삼국유사』에서 단군 조선 건국이 중국 요 임금과 같은 때임을 밝혔고, 이승휴는『제왕운기』에서 "요동에 별천지가 있으니, 중국 왕조와 뚜렷이 구분된다"라고 선언했다. 역사의 출발이 다르다면 중국과 고려는 본래 다른 나라일 수밖에 없고, 앞으로도 그럴 것이기 때문이다.

시간이 흐를수록 고려 왕조가 살아남은 것은 커다란 자랑거리가 되었다. 원 간섭기에 태어나 14세기 전반에 활동한 성리학자 이곡은 원 세조 쿠빌라이가 '불개토풍'을 약속함으로써 고려가 임금과 신하, 백성과 사직을 유지할 수 있었음을 강조했다. 그런데 이곡의 말에서 한 가지 더 눈길을 끄는 것은 오직 고려만이 그러했다고 한 점이다. 그의 말대로 고려는 쿠빌라이의 새로운 외교 정책이 적용된 최초이자 유일한 사례였다.

몽골 중심 천하에서 유일하게 국가를 유시하면서 원과 사대 관계를 맺은 나라 — 이것이 몽골 세계 제국 체제에서 고려의 지위였다. 그것은 원나라와 네 개의 칸국에 포함된 다른 지역과도 구별되고, 또 몽골 중심의 천하 질서에 편입되지 않은 일본이나 안남과도 구별되는 고려만의 특징이었다고 할 수 있다.

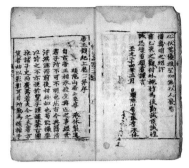

이승휴가 지은 『제왕운기』. 1287년(충렬왕 13년). 2권 1책으로 구성되어 있으며, 중국과 우리 나라의 역사를 한시 형식으로 읊은 서사시이다. 간기와 발문, 후제가 있어 인쇄사 연구에도 귀중한 자료이다. 보물 895호.

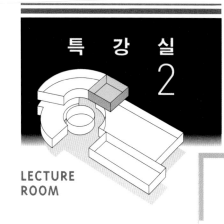

한국사에서 14세기는 원 간섭기와 그 후의 고려 말기로 나뉜다. 원 간섭기는 우리 역사가 주체적이지 못하고 줄곧 남에 의해 이끌려 왔다고 주장하는 일제 식민사학에 종종 이용되었다. 그러나 일시적으로 원의 간섭을 받았다고 해도 고려 사회는 제 갈 길을 가고 있었다. 원 간섭기 이전부터 고려 사회의 내부에는 거대한 변화의 조짐이 있었고, 그러한 변화의 압박에 위정자들이 능동적으로 대응한 것이 14세기 개혁이었다.

고려 말 개혁, 무엇을 바꾸었나

특강_홍영의

상상력을 자극하는 고대사나 시간적으로 가까운 조선사에 비해 상대적으로 덜 알려진 고려사를 대중화하는 데 앞장서 왔다. 사이버개경학연구소 소장. 국민대학교 강사. 저서로 『고려 시대 사람들은 어떻게 살았을까』(공저·청년사), 『고려의 황도 개경』(창작과비평사) 등이 있다.

고려 사회는 12세기 후반에 일어난 무신 정변, 그 뒤 약 1세기에 걸친 농민 항쟁으로 말미암아 크게 흔들렸다. 몽골의 침략을 받으면서 소강 상태에 들어간 농민 항쟁은 고려와 몽골이 강화를 맺은 다음에는 사그라들었다. 그렇다고 해서 농민 항쟁을 불러온 사회 내부의 문제점이 사라진 것은 아니었다. 봉기와 같은 직접적인 항쟁은 줄어들었어도 농민이 고향을 버리고 도망치는 현상은 여전히 나타났다. 그러한 하층민의 불만을 그대로 내버려 둘 경우 고려 사회의 질서는 뿌리째 흔들릴 수도 있었다. 따라서 14세기 고려의 지도자들에게 개혁은 시대의 요구였다.

14세기 고려인은 무엇을 개혁해야 했나

고향을 떠나 전국 각지를 떠도는 농민이 많아진 것은 예종(1105~1122) 때부터였다. 12세기 중반에 이르면 이들은 '도적'이 되어 일어났다. 이 같은 현상은 11세기 말부터 농민이 지배층에게 땅을 빼앗기고 지나치게 세금을 많이 뜯긴 결과였다. 이러한 문제는 무인 집권기나 대몽 항쟁기에도 해결의 실마리를 찾지 못한 채 14세기까지 이어져, 농민의 저항이 끊임없이 계속되었다.

원 간섭기에도 토지 소유와 세금을 둘러싼 지배층과 농민의 갈등은 계속되었다. 아니, 더 심해졌다. 그런데 고려 정부는 전후 복구를 위해 사람들에게 토지를 나누어 주기로 하고 '사패'라는 증명서를 배포해 이 증명서가 있으면 토지를 가질 수 있도록 했다. 지배층에게는 토지를 넓힐 수 있는 아주 좋은 기회였다. 그들은 사패를 위조하면서까지 다른 사람의 토지를 빼앗았다. 그렇게 얻은 대규모 토지는 농장(農庄) 형태로 운영되었는데, 그 규모가 "산천으로 경계를 삼았다"라고 할 만큼 컸다. 농장은 대부분 국가에 조세를 내지 않았고, 농장에 속한 농민은 국가에 공부(공물과 부세)와 역역(力役)을 바치지 않기 때문에 국가 재정은 날이 갈수록 줄어들었다.

한편 원 간섭기에 고려 정부는 원과 외교 관계를 유지하는 비용을 마련하기 위해 더 많은 세금을 거두어들여야 했다. 그러자 자영 농민은 세금을 내지 않으려고 권세가의 농장에 몸을 맡기거나, 멀리 심양 땅까지 가서 떠도는 현상이 나타났다.

그러므로 농민이 토지를 빼앗기고 지나치게 많은 세금을 뜯기는 문제를 해결하여, 뿌리째 흔들리는 지배 체제를 안정시키는 것이 이 시기에 진행된 개혁의 핵심 과제였다.

무엇이 개혁을 가로막았나

14세기 전반에는 거의 10년에 한 번씩, 왕이 바뀔 때마다 국왕의 교서를 통해 개혁이 실시되었다. 그 개혁의 대상은 대개 전왕의 측근으로, '호활한 무리', '권세가', '자기 이익을 먼저 챙기는 사람〔自利爲先者〕' 등으로 불리며 권력형 비리를 저지르던 자들이었다.

이처럼 새 왕이 즉위할 때마다 전왕의 측근을 문제삼은 것은 원 간섭기 정치의 특징이 측근 정치였기 때문이다. 원종은 몽골의 후원을 받으며 무신 정권과 대결하는 과정에서 '총애받는 측근'을 육성했고, 충렬왕 이후의 왕들은 세자 시절 원나라에 인질로 가 있는 동안 자기를 따랐던 사람들을 측근으로 키웠다. 측근 정치의 폐단이 무엇인지는 굳이 다른 설명을 하지 않아도 현대 한국 정치에서 익히 보아 온 것과 같다.

이렇게 전왕 때의 부패한 권력층만을 제거하는 개혁은 사회경제 모순을 근본적으로 해결하는 방법이 될 수 없었다. 이러한 개혁은 권세가의 불법 행위를 문제삼기는 하지만 농장에 대한 제도적 개선책은 마련하지 않고 넘어갔다. 따라서 14세기 전반의 개혁은 장기적 전망을 갖고 있지 못했고 어느 하나 제대로 이루어지지도 않았다.

14세기 후반에는 다른 양상이 나타났다. 우선 실질적인 개혁을 추진할 수 있는 정치 세력이 성장하기 시작했다. 충목왕 때 정치도감의 활동을 보자. 충목왕이 8세에 즉위하여 아직 정국을 주도하지 못하는 상태에서 문무 관료가 개혁의 전면에 나섰다. 그중에는 신학문인 성리학을 받아들여 적극적 현실 참여 의식과 개혁 의지를 갖게 된 사람들이 다수 포함되어 있었다.

이들 '신흥 사대부'는 정치도감을 주도하지는 않았지만, 주목할 만한 개혁 방향을 제시했다. 이제현은 상소를 올려 국왕이 성리학을 익히고 신흥 사대부를 지방관으로 파견해 백성을 가르친다면 20년 안에 사회 문제를 해결할 수 있다고 했다. 이것은 비록 토지 제도나 수취 제도의 구조적인 문제점을 인식한 것은 아니지만, 성리학이라는 굳건한 이념 위에 서 있었기 때문에 오래 지속될 가능성이 있었다. 실제로 신흥 사대부는 정치적 성장을 거듭하여 고려 말 개혁의 주체가 되었다.

정치도감의 활동은 친원 세력의 반격을 이기지 못해 실패하고 말았다. 그러나 개혁 세력은 이를 통해 친원 세력을 개혁 대상으로 분명하게 인식하고, 나아가 고려 사회의 개혁을 원천적으로 가로막고 있는 원의 정치적 간섭을 바로 보게 되었다. 바로 이러한 상황에서 공민왕은 원이 쇠퇴하는 국제 정세에 능동적으로 대응하여 1356년 반원 개혁을 일으켰다. 이 개혁은 원의 간섭을 물리침으로써 내부 개혁을 이룰 수 있는 최소한의 조건을 확보한 것으로 높이 평가할 수 있다.

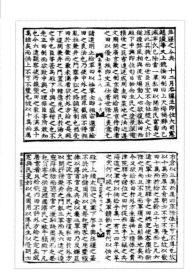

고려 개혁의 근본 과제는 토지 문제의 해결이었다. 전시과를 기본으로 하는 고려 토지 제도는 문종 때 공음전시과·경정전시과를 실시하면서부터 사전 확대와 과점이라는 문제점을 드러냈다. 무인 정변 이후로는 권문세족의 농장 확대와 사원전의 팽창으로 국가 경제가 파탄나고 농민의 생활고가 극심해졌다. 사진은 조준의 3차 전제 개혁 상소(『고려사』).

개혁이 개국(開國)으로 이어지다

원나라 간섭이 사라진 뒤 이루어진 최초의 본격적인 개혁은 1365년(공민왕 14년) 신돈이라는 승려가 시작했다. 그는 전민변정도감이란 관청을 두어 권세가가 불법으로 빼앗은 토지를 본래 주인에게 돌려주고 억지로 노비가 된 사람들을 원래 상태로 회복시키는 조치를 취했다.

그런데 신돈의 개혁에서 가장 중시된 것은 개혁 추진 세력의 형성이었다. 공민왕이 신돈을 기용한 것도 그가 기득권층이 아니었기 때문이다. 그러나 신돈 한 사람만으로는 어려웠던 만큼 공민왕은 신흥 사대부에 주목했다. 그는 신흥 사대부를 양성하기 위해 성균관을 다시 짓고 이색을 중심으로 신흥 사대부를 집결시켰다.

그러나 신돈의 개혁도 제도적·구조적으로 접근하지는 못했다. 공민왕의 강한 의지를 바탕으로 했지만, 토지 제도 자체를 개혁할 생각은 하지 않았던 것이다. 또 신흥 사대부 가운데 일부는 개혁에 동의했지만, 일부는 신돈의 권력 행사에 반대하여 그를 제거하려 했다. 개혁에 참여한 신흥 사대부와 신돈 사이에서 개혁의 방향을 둘러싼 마찰이 일어나기도 했다.

공민왕을 이은 우왕 때는 정치적 반동기였다. 신흥 사대부는 정치에서 배제된 채 대안을 모색하면서 자기 성장을 이루었다. 그 대표적인 존재가 정도전과 조준이었다. 그들은 이성계와 결합하여 개혁을 위한 현실적 기반을 모색하면서, 체계적인 개혁 방안을 구상했다.

1388년(우왕 14년) 이성계가 정권을 잡자, 조준이 전제 개혁안을 발표했다. 그것은 토지 제도를 바르게 하고〔正田制〕인재를 가려 쓰는 것〔擇人材〕두 가지로 요약된다. 조준은 사전(私田), 즉 국가가 조세 징수권을 주었을 뿐인데 관리가 자기 것처럼 취급하던 토지를 공전(公田)으로 흡수하자고 주장했다. 이 주장은 당시로서는 매우 충격적인 것이어서, 그대로 시행된다면 농장이 해체되어 기득권층의 경제 기반이 와해될 것이 틀림없었다.

따라서 조준의 개혁에 반대하는 목소리가 높았다. 놀랍게도 이러한 반대의 선봉에 섰던 사람들은 이색을 비롯한 신흥 사대부의 일부 세력이었다. 그들은 자신들이 지금까지 주장해 왔던 대로 불법 토지 탈점을 없애기만 하면, 사전을 그대로 두고도 민생을 회복시킬 수 있다고 역설했다.

이전의 개혁 논리가 이제는 개혁에 반대하는 논리로 뒤바뀌었다는 사실에서 조준의 전제 개혁이 이전의 것들과 차원을 달리하는 것임을 보여 준다. 이에 따라 전제 개혁을 둘러싼 신흥 사대부 내부의 대립이 진행되었다. 여기서 승리한 정도전과 조준을 중심으로 한 개혁파는 새로운 토지 제도인 과전법을 제정·공포하고, 개혁의 연장선 위에서 조선 왕조를 열기에 이르렀다.

개혁의 기수였던 공민왕 부부. 서울 종묘의 공민왕 사당에 있는 조선 시대 초상화. 공민왕과 노국공주의 영정은 고려 말 국왕의 복식을 보여 주는 좋은 예로, 중국 송나라의 복식 제도에 따라 관료와 백성을 만날 때 입은 옷이다. 96×76cm.

개혁으로 무엇을 이루었나

이제 정리를 해 보자. 14세기 고려 사회는 고려 전기 사회가 남긴 여러 가지 폐단을 혁신하고 새로운 사회 체제를 건설해야 하는 역사적 과제를 떠안고 있었다.

혁신해야 할 폐단이란 무엇이었을까? 무엇보다도 11세기 말 이후 지배층이 농민의 토지를 빼앗고 지나친 세금을 물리면서 제 잇속만 차린 데 대한 농민의 저항에서 비롯된 계급 갈등이 가장 컸다. 14세기에만 해도 수탈을 견디지 못한 일반 농민이 자진하여 권세가의 농장에 들어가거나 심양·쌍성 지방으로 도망가서 떠돌고 있었다.

외세의 간섭을 받은 100년간의 경험은 이러한 사회 문제의 해결을 더욱 어렵게 했다. 원은 고려 국왕을 그들의 통치 범위 안에 묶어 두고 이 왕들을 통해 고려에 간섭했다. 원의 관제에 맞추어 고려 관제를 뜯어 고치는 방식의 관제 개편, 원의 지배에 철저하게 유리한 군제 개편 등에서 그러한 간섭의 구체적 흔적을 찾아볼 수 있다. 14세기 고려 사회는 이상과 같은 여러 가지 대내외 모순으로 지연되었던 12세기 이래의 사회 변동을 마무리짓는 시기였다. 그것이 여러 차례의 개혁으로 나타났고, 그러한 개혁은 고려 사회 자체의 변동을 더욱 촉진하는 계기가 되기도 했다.

그러나 14세기 전반의 개혁 정치는 측근 정치라는 기형적인 정치 구조 아래서 권력 쟁탈전의 일환으로 실시되었기 때문에 개혁의 순수성이나 지속성을 보장받을 수 없는 불완전한 것이었다. 또 비슷한 개혁이 여러 차례 반복되는 데서 볼 수 있는 것처럼 성과를 거두기도 어려웠다.

따라서 본격적인 개혁은 14세기 후반에 가서야 이루어졌으며, 고려 말의 전제 개혁이 그 최종적인 성과였다. 이러한 전제 개혁에 이르는 과정에서 몇몇 의미 있는 단계를 설정할 수 있다. 먼저 충목왕 때 실시된 정치도감의 개혁 활동은 앞으로 개혁의 이념을 제공할 신흥 사대부의 등장을 가져왔다는 점에서 큰 의미를 찾을 수 있다. 다음으로 공민왕 때 실시된 신돈의 개혁은 강력한 개혁 의지를 바탕으로 제한적으로나마 성공했을 뿐 아니라, 성균관에 모인 신흥 사대부가 독자적인 정치 세력으로 발돋움할 수 있는 기반을 마련했다는 점에 의미가 있다.

고려 말의 전제 개혁은 이 두 가지 성과를 계승하는 동시에 한계를 극복함으로써 이루어질 수 있었다. 여기서는 개혁과 신흥 사대부라는 확실한 추진 세력의 존재, 개혁을 정당화할 수 있는 정치 이념, 토지 제도의 개편과 새로운 왕조의 개창을 통해 개혁을 완수하려 했다는 점을 주목해야 할 것이다.

인류의 역사는 2백만 년이 넘지만 문자의 역사는 6천 년에 불과하다. 종이가 발명되고 책이 만들어진 것은 문자를 통한 정보 교환의 가능성을 넓혔지만, 초기의 책은 너무 비싸 여전히 특수 계층만이 볼 수 있었다. 문자가 보편적인 정보 교환 수단이 되기 위해서는 책의 다량 복제 기술, 즉 인쇄술의 등장을 기다려야 했다. 문자 문화의 시대를 연 인쇄술의 역사를 살펴본다.

세계의 인쇄술

― 구술에서 문자로 ―

인류는 오랜 세월 문자 없이 살았지만, 나름대로 정보를 전달하는 방식을 개발해 왔다. 정보를 잘 기억했다가 입에서 입으로 전하는 구전(口傳) 가요나 구비(口碑) 문학이 그것이다. 구술(口述), 즉 말하기는 5~6세만 되면 누구나 할 수 있기 때문에 문자가 발명된 이후에도 민중이 정보를 전달하는 가장 일반적 방식이었다.

문자 발명은 인간의 역사에서 한 획을 긋는 사건이었다. 문자로 인해 정보를 영구적으로 기록할 수 있게 된 것이다. 구전 문화에서는 기억이 매우 중요한 요소였기 때문에, 전달되는 사건이 매우 구체적이고 이야기 또한 반복적인 구조를 가졌다. 그러나 문자 문화에서는 기억보다 정보의 독창성과 논리적 합리성이 중요한 요소이다. 인간의 이성적 사고는 문자 문화와 더불어 발전했다.

그러나 문자 문화와 구술 문화는 오랫동안 공존했다. 문자는 특수 계층만 사용할 수 있었기 때문에 정보 전달에서 문자의 역할은 제한적일 수밖에 없었던 것이다. 문자는 진흙이나 돌·나무 같은 자연물에 기록되었는데, 오늘날 작은 책 한 권 분량의 정보를 담기 위해서는 수레 몇 대 분량의 대나무 조각이 필요했다.

종이의 발명은 문자 시대의 서막을 여는 혁명적 사건이었다. 종이에 정보를 일일이 손으로 써서 담는 필사본은 형식과 내용에서 요즘의 책과 비교하더라도 손색이 없었다. 그러나 귀하디귀한 필사본은 보통 사람에게는 너무나 먼 존재였다. 문자 문화가 구술 문화를 능가하는 힘을 가지기 시작한 것은, 종이 책의 대중화를 가능케 한 인쇄술이 등장하면서부터였다.

◀ **중세 수도원의 필경사** : 9세기부터 10세기 서양의 각 수도원은 필사실을 갖추고 있었다. 필사실은 보통 도서관 가까이 있는, 독립된 조용한 방이다. 필경사들은 그곳에서 저마다 자리를 하나씩 차지하고 작업을 했다. 원고 필사는 중세 수도원의 주요 수입원이었기 때문에 필경사들의 일거리는 끊이지 않았다. 귀족이나 고위 성직자가 주문하는 일은 주로 가장 재능 있는 필경사들의 몫이었고, 초보자들은 밑줄을 그어 주는 일을 맡았다. 필경은 대단히 고통스런 작업이었다. 밥 먹고 기도하는 시간을 빼고는 계속해서 작업을 해야 했기 때문이다. 그로 인해 눈은 물론이고 척추·위장·옆구리까지 성한 곳이 없었다. 그림은 필경사가 작업하는 모습이다. 밑줄이 그어진 양피지 위에 글을 베껴 쓰고 있다. 주위에는 참고 서적들이 널려 있다.

...추측된다.
...기 되었다.

...다. 제작 연대는 700년에서 751년 사이로 ...혔었다. 사진의 목판은 복원품이다.

...기경부터 목판 인쇄술이 사용되었다. 목 ...입되고 대중화되어 가는 과정과 맞물려 ...불교 경전을 대체해서 만들어진 목판본 ...들이 점차 다른 영역의 책을 찍는 데 활용

...했지만, 그것을 뒷받침할 만한 과학 기술 ...사하는 문화는 오래 전부터 보편화했으 ...실화하는 바탕이 되었다. 좋은 종이나 먹 ...것은 생각할 수 없는 일이다.

...의미했다. 질적으로 우수한 책을 널리 보 ...자는 4만여 개의 독립된 글자로 이루어져 ...때가 필요해지기 전에는 4만 개가 넘는 활 ...! 경제적이지도 않았다. 그래서 동양에서 ...고 더욱 정교하게 개량해 나갔다.

미리 만들어 놓은 개별 글자인 활자를 원고에 맞추어 활판 위에 조합한 다음 찍는 방법이 활판 인쇄술이다. 활자는 서로 다른 책에 여러 번 다시 사용할 수 있다. 인쇄술을 발명한 것은 동양인데, 활판 인쇄 단계에서는 서양 양인쇄술이 더 빨리 발전했다. 그 이유는 무엇일까? 문자의 차이를 가장 먼저 지적할 수 있다. 4만여 개나 되는 한자는 미리 글자를 만들기도 어렵고 조판하기도 힘들다. 하지만 알파벳은 26자로 모든 문장을 조합하기 때문에 26종류의 문자만 미리 만들어 두면 쉽게 조판할 수 있다. 활판 인쇄는 동양에서 처음 개발되었으나 서양의 알파벳과 만나 그 진가를 100% 발휘하게 된 것이다.

바퀴 모양의 고속 인쇄기 : 미국의 리처드 포가 발명한 고속 윤전 인쇄기. 종이 공급 장치가 2대에서 10대까지 결합되어 있으며 한 대에 시간당 2천 장의 종이를 보낼 수 있다.

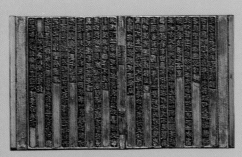

고려 금속 활판과 활자 : 가장 오래된 금속활자책인 『직지심체요절』(1377년) 활판의 복원품과 고려의 왕경이었던 개성에서 나온 '복(復)' 활자.

알파벳 활자와 인쇄기 : 초창기 서양의 인쇄소에서 사용되던 알파벳 활자와 인쇄기. 탁자에 알파벳 조판대가 놓여 있다. 솔에 잉크를 묻혀 조판대에 칠한 다음 그 위에 종이를 올린다. 윗부분의 손잡이를 움직이면 압판이 종이 쪽으로 이동하여 누른다. 동양에서 발명된 활판 인쇄는 서양의 기계 문명과 결합되어 금속도로 발전했다.

발 명 은 동 양 에 서

— 세계 최초의 활자도 목판 인쇄를 발전시킨 동양에서 먼저 발명되었다. 목판에서 활판 인쇄로 전환한 배경은 경제성 때문이었다. 목판 인쇄는 판목과 글씨를 새기는 기술자에게 너무 많은 경비가 들어갔다. 특별한 배려가 없는 한 책 한 권 인쇄하는 데 여러 해가 걸렸다. 그리하여 11세기 중국에서는 돈과 시간을 절약할 수 있는 좀 더 경제적인 방법을 고안하게 되었다. 그것이 활자에 의한 활판 인쇄였다. 낱글자 여러 개를 미리 만들어 두고 원고대로 이것을 배열해서 판을 짠 다음 인쇄하는 방법. 활자는 한번 준비해 두면 재배열하여 여러 종류의 책을 찍을 수가 있었다. 또 한 판이 인쇄되는 사이에 다음 원고의 조판 작업을 진행할 수 있으므로 제작에서 인쇄까지 걸리는 시간이 짧아졌다.

중국에서 처음 만든 활자는 도자기 활자였다. 이 활자는 별로 실용적이지 않았다. 깨지기 쉬웠고 조판하기도 쉽지 않았다. 활판의 활자는 목판처럼 편평하고 단단하게 짜야 한다. 그러면서도 붙이고 떼는 게 쉬워야 한다. 그런데 도자기 활자는 여기에 적합하지 않았다. 이 때문에 금속이 활자의 소재로 자리잡게 되었다. 구리와 주석·납·아연 등을 적당한 비율로 섞어서 만든 동 활자는 고려에서 세계 최초로 만들었다. 그리고 조선 초기에는 실용화되기 시작하여 유교를 통치 이념으로 정비하기 위한 많은 서적들이 금속 활자로 간행되었다.

확 산 은 서 양 에 서

— 서양에서 활판 인쇄법을 도입하고 실용화한 인물은 바로 구텐베르크였다. 그는 1400년경 독일에서 태어난 보석 세공업자였다. 그가 활판 인쇄에 주목한 이유는 상업성에 있었다. 그는 필사본과 똑같은 책을 값싸게 많이 만들어 팔겠다는 야심을 가지고 있었다.

구텐베르크가 금속 활자로 만든 책은 중세 필사본과 같은 성서였다. 1455년에 완성한 『42행 성서』는 대성공을 거두었고, 그의 인쇄 기술은 순식간에 유럽 전역에 전파되었다. 필사본 시대에서 인쇄본 시대로 넘어가는 과정은 서양에서 혁명적 전환과 결합되었다.

서양 인쇄술은 르네상스·종교 개혁과 만나면서 비약적으로 발전했다. 특히 종교 개혁은 인쇄술의 자녀라고 불렸다. 루터를 비롯한 종교 개혁가의 사상을 확산시키는 데 인쇄술이 크게 기여했기 때문이다. 루터가 번역한 성서는 1522~1546년 사이에 430쇄나 찍었다.

한층 보기 좋고 구하기 쉬워진 책은 16세기 이후 종교와 문화 생활의 핵심이 되었다. 처음에는 자국어로 번역된 종교서가 대부분을 차지했지만 점차 새로운 개념의 책들이 등장하게 되었다. 과학책과 문학책이 쏟아지기 시작했고, 방대한 분량의 백과사전이 출간되었다. 문자가 정보 전달의 가장 중요한 매체로 자리잡는 문자 시대가 도래한 것이다.

『**월인천강지곡**』 : 1447년(세종 29)년 무렵에 만들어진 갑인자 병용 한글자(동 활자)로 찍은 책. 월인석보 한글활자라고도 불린다.

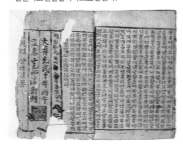

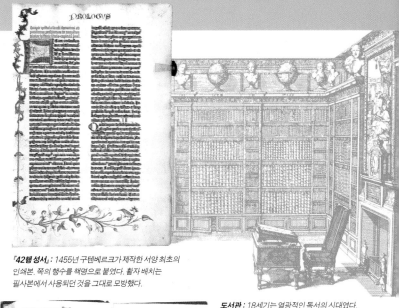

『**42행 성서**』 : 1455년 구텐베르크가 제작한 서양 최초의 인쇄본. 쪽의 행수를 책명으로 붙였다. 활자 배치는 필사본에서 사용되던 것을 그대로 모방했다.

도서관 : 18세기는 열광적인 독서의 시대였다. 집에서 주로 책을 읽었지만 독서 대중이 늘어나면서 공공 도서관이 발전하였다.

브리태니커 백과사전 : 1768년 영국 에딘버러 펴냄. 18세기는 지적 호기심의 증대로 많은 사전과 백과사전들이 등장한 시기이다. 방대한 백과사전의 유행은 정보의 문자화 시대를 알리는 상징물인 셈이다. 백과사전을 보면 세상이 보인다.

『**오륜행실도**』 : 정조의 명으로 찍은 유교의 기본 윤리책. 1796년 주조된 정리자와 오륜행실자로 불리는 한글 활자를 이용해서 찍었다. 위의 그림(김홍도 「서당」)은 조선 시대 교육 장면.

한글 소설 『심청전』 : 지방에서 팔기 위해 간행한 책이다. 책의 대중화 시대가 도래하고 있음을 말해 준다. 값비싼 금속 활자는 정부 간행물들에 사용되었고, 이런 지방 간행물들은 목판이나 목 활자를 이용하였다.

찾 아 보 기

│생활 분야별 찾아보기│

삶 **의** **밑** **바** **탕**

의 (의복 · 장신구 · 수예 · 이미용 · 의복 관습) : 고려 관리·무인·양인의 복장 24~25 / 무인의 복장 28 / 노비의 복장 29 / 고려군과 몽골 군의 복장 30~31, 34~35 /
시전 상인·관리·양인의 복장 36~37 / 원 간섭기 고려인의 복장 38~39 / 주점 종업원과 손님의 복장 40~47 / 농민·신흥 사대부의 복장 50~51 /
승려·유학자의 복장 56~58 / 관리의 복장 60 / 궁녀·신부(新婦)·무신과 문신의 복장 66~67 / 승려·지방 유지·왕·관리의 복장 78~79 / 승려·잗인의 복식 80~83 /

식 (식품 · 영양 · 조리 · 가공 · 저장 · 식생활 관습) : 쌍화점(만두 가게) 등 식품점 36~37 / 설렁탕 38~39 / 주점, 청자 술병, 소주 이야기, 소줏고리 40~41 /
후추를 비롯한 14세기 동아시아의 식품, 맷돌 49

주 (주거 형태 · 주거 공간 · 주거 설비 · 가정 관리) : 새 도성 강화도의 집짓기 27 / 시장 건물 36 / 농가, 전라도 나주 농부 황연의 집 50~51 / 가묘(家廟) 59 /
경상도 남해 민가 78~79 / 사원 내부 80~81

생활 분야별 찾아보기

──| 생활 분야별 찾아보기 |──

▶ **문학·예술(문학 · 언어 · 문자 · 미술 · 음악 · 건축 · 공예) :** 운주사 8~9 / 무인의 노래 10 / 공민왕릉 16~17 / 교동 향교 18~19 / 봉은사 석탑 26 / 동국이상국집, 삼도부 27 / 용장산성 32 / 팔만대장경 33 / 쌍화점 36 / 가시리, 만전춘 37 / 깨진 청자 술병 40 / 국순전, 국선생전, 상률가 41 / 농부를 대신하여 51 / 양화가, 하회 탈 52 / 경천사 석탑 54~55 / 색 종이에 금박 가루로 쓴 화엄경 55 / 안향, 이제현 영정 57~58 / 공민왕릉 벽화, 석관 60 / 청자 약절구와 약상자 61 / 고려 불화 62~71 / 팔만대장경 만들기 78~83 / 인쇄술 92~95

▶ **종교(불교 · 유교 · 도교 · 민속종교) :** 운주사, 고려 불교 8~9 / 향교 18~19 / 팔만대장경 33 / 청백자 보살상 48 / 목제 보살 입상 49 / 성리학의 종교 비판 52~53 / 고려 불교의 이력 54~55 / 고려를 이끌고 간 5인의 승려, 5인의 유학자 56~59 / 신륵사 대장각기 59 / 주자가례 60 / 불교식 장례와 유교식 장례 60 / 고려 불화 62~71 / 팔만대장경 78~83

고려생활관2 도서실

一 총류

· 고려대학교 민족문화연구원, 『한국민속문화대관』(CD-ROM), 나모 인터랙티브, 1998.
· 두산 동아백과사전연구소, 『두산세계백과사전』, 두산동아, 1996.
· 중·고교 『국사』 교과서.
· 중·고교 『역사부도』.
· 민족문화대백과사전 편찬부, 『한국민족문화대백과사전』, 한국정신문화연구원, 1991.
· 한국민족사전편찬위원회, 『한국민속대사전』, 한국사전연구사, 1997.
· 한국역사연구회 편, 『역사문화수첩』, 역민사, 2000.
· 中國歷史博物館, 『簡明中國文物辭典』, 福建人民出版社, 1991.

一 통사·분야사

· 『신증동국여지승람』.
· 『원시에서 현대까지 인류 생활사』, 동아출판사, 1994.
· 『한국무기발달사』, 국방군사연구소, 1994.
· 『한국사』 5·6, 한길사, 1994.
· 『한국사』(구판) 5～10, 국사편찬위원회.
· 『한국사』(신판) 12～21, 국사편찬위원회.
· 『빛깔 있는 책들』 1～242, 대원사.
· 『世界の歷史』, 朝日新聞社, 1989～1991.
· 고려대장경연구소, 『고려대장경(CD)』, 2001.
· 국방부 전사편찬위원회, 『대몽항쟁사』, 국방부, 1988.
· 김두진, 「고려 시대 사상의 역사적 특징」, 『전통과사상』 3, 한국정신문화연구원, 1988.
· 김봉렬, 『한국 건축의 재발견』 1～3, 이상건축, 1999.
· 김종래, 『유목민이야기』, 자우출판, 2002.
· 김종서 등, 『고려사』, 1471.
· 김종서 등, 『고려사절요』, 1472.
· 김학성·권두환 편, 『고전시가론』, 새문사, 1984.
· 김호동, 『황하에서 천산까지』, 사계절출판사, 1999.
· 도현철, 『고려말 사대부의 정치사상연구』, 일조각, 1999.
· 라츠네프스키, 『몽고 초원의 영웅 칭기스한』, 지식산업사, 1992.
· 마샬 맥루한, 『구텐베르크 은하계』, 커뮤니케이션북스, 2001.
· 마샬 맥루한, 『미디어의 이해』, 커뮤니케이션북스, 1997.
· 문명대, 『고려불화』, 열화당, 1991.
· 민현구, 「정치가로서의 공민왕」, 『아세아연구』 100, 고려대아시아문제연구소, 1998.
· 민현구, 「조인규와 그의 가문(상)」, 『진단학보』 42, 1976.
· 박종기, 「14세기 고려 사회 - 원 간섭기의 이해」,
   『14세기 고려의 정치와 사회』, 민음사, 1994.
· 박종기, 『5백년 고려사』, 푸른역사, 1999.
· 박종기 외, 『역사의 길목에 선 31인의 선택』, 푸른역사, 1999.
· 박종진, 「고려 시기 개경사 연구 동향」, 『역사와 현실』 34, 1999.
· 北村秀人, 「高麗時代の京市の機能について」, 『朝鮮史研究會論文集』 31, 1993.
· 브뤼노 블라셀, 『책의 역사』, 시공사, 1999.
· 서거정, 『동문선』.
· 서긍, 『선화봉사고려도경』.

· 서성호, 「고려 시기의 개경의 시장과 주거」, 『역사와 현실』 38, 2000.
· 細野涉, 「高麗時代の開城 - 羅城城門の比定を中心とする復元試案」,
   『朝鮮學報』 166, 1998.
· 스기야마 마사아키, 『몽골 세계제국』, 신서원, 1999.
· 신영훈, 『한국의 살림집 상 - 한국 전통 민가의 원형 연구』, 열화당, 1983.
· 14세기 고려사회 성격 연구반, 『14세기 고려의 정치와 사회』, 민음사, 1994.
· 안춘근·윤형두 편저, 『(눈으로 보는)책의 역사』, 범우사, 1997.
· 역사문제연구소, 『사진과 그림으로 보는 한국의 역사』 1·2, 웅진출판, 1993.
· 역사비평 편집위원회, 『한국 전근대사의 주요 쟁점』, 역사비평사, 2002.
· 역사신문편찬위원회, 『역사신문』 2, 사계절출판사, 1996.
· 월터 J. 옹, 『구술문화와 문자문화』, 文藝出版社, 1995.
· 이광주, 『아름다운 지상의 책 한 권』, 한길아트, 2001.
· 이승한, 『고려 무인 이야기 1』, 푸른역사, 2001.
· 이이화, 『한국사 이야기』 5～8, 한길사, 1999.
· 이익주, 「고려 대몽항쟁기 강화론의 연구」, 『역사학보』 151, 역사학회, 1996.
· 이학 증수, 『송경지』, 1830.
· 임효헌, 『송도광고』, 1832.
· 장지연, 「개경과 한양의 도성 구성 비교」, 『서울학』 15, 2000.
· 장호수, 「개성 지역 고려왕릉」, 『한국사의 구조와 전개 - 하현강교수정년기념 논총』,
   혜안, 2000.
· 정상운, 「고려대장경 판각 혼적」, 한글마당, 2002.
· 정찬영, 「만월대 유적에 대하여(I)」, 『조선고고연구』 1989-1.
· 조동일, 『한국문학통사2』, 지식산업사, 1994.
· 조르주 장, 『문자의 역사』, 시공사, 1995.
· 한국역사연구회, 『고려 시대 사람들은 어떻게 살았을까』 1·2, 청년사, 1997.
· 한국역사연구회, 『고려의 황도 개경』, 창작과비평사, 2002.
· 한영우, 『왕조의 설계자 정도전』, 지식산업사, 1999.
· 허흥식, 「고려시대의 사회와 사상」 『한국사상사대계』 3, 한국정신문화연구원, 1991.
· 홍영의, 「고려 수도 개경의 위상」, 『역사비평』 가을호, 1998.
· 홍영의, 「신돈 - 요승인가 개혁 정치가인가」, 『역사비평』 31, 1995.
· ART, DK, 1997.
· T. F. 카터, 『인쇄문화사』, 아세아문화사, 1995.

一 도록·보고서

· 「개성①②」 특수 지형도 2만 5천분의 1, 조선총독부(경인문화사 영인), 1918.
· 「강화전도」, 『조선 후기 지방 지도』, 서울대 규장각, 1996.
· 『겨레와 함께 한 쌀』, 국립중앙박물관, 2000.
· 『고려말 조선초의 미술』, 국립전주박물관, 1996.
· 『高麗時代の佛畵』, 시공사, 2000.
· 『고려, 영원한 미 - 고려불화특별전』, 호암갤러리, 1993.
· 『고려·조선의 대외교류』, 국립중앙박물관, 2002.
· 『국립광주박물관』, 1990.
· 『국립민속박물관』, 1993.
· 『국립중앙박물관』, 1997.

- 『국립청주박물관』, 2001.
- 『국보』 5, 예경문화사, 1985.
- 『그림으로 보는 한국의 문화유산』 1·2, 시공테크, 1999.
- 『金屬工藝綜合展』, 大壺古美術展示館, 1997.
- 『대고려국보전』, 호암갤러리, 1995.
- 『발굴유물도록』, 서울대학교 박물관, 1997.
- 『북한의 문화재와 문화유적』 Ⅲ·Ⅳ, 서울대학교 출판부, 2000.
- 『옛 탁본의 아름다움, 그리고 우리 역사』, 예술의 전당, 1998.
- 『오백년의 침묵, 그리고 환생』, 국립민속박물관, 2000.
- 『조선 전기 국보전』, 호암미술관, 1996.
- 『中國歷代藝術-工藝美術編』, 文物出版社, 1994.
- 『中國歷代藝術-繪畵編(上)』, 中國人民美術出版社, 1994.
- 『청주 고인쇄 박물관 도록』, 청주고인쇄박물관, 2000.
- 『특별전 고려청자』, 국립진주박물관, 1991.
- 『特別展 李朝의 繪畵』, 大和文華館, 1986.
- 『한국고활자특별전』, 청주고인쇄박물관, 2002.
- 『한국 복식 2000년』, 국립민속박물관, 1997.
- 岡本嘉一, 『開城案內記』, 1911(『한국지리풍속총서』 258, 경인문화사, 1989).
- 京都大學校, 『京都大學文學部博物館』, 1987.
- 계명대학교 박물관, 『한국과 중국의 古錢』, 2000.
- 국립민속박물관, 『한국의 도량형』, 1997.
- 국립중앙박물관, 『入絲工藝』, 1997.
- 국립제주박물관, 『제주의 역사와 문화』, 2001.
- 국립해양유물전시관, 『물·바다·사람·배·꿈·삶·그 자국』, 1998.
- 今西龍, 「高麗王陵分布圖」, 『高麗諸王陵墓 調査報告書』,
  『朝鮮總督府 古蹟調査報告書』, 1916.
- 김기호, 『개성 시가 실측도 약사』, 『개성 구경』, 대한공론사, 1971.
- 김길빈, 『우리 민속 도감』, 예림당, 1999.
- 김남석, 『우리 문화재 도감』, 예림당, 1998.
- 김종혁, 『개성 일대의 고려왕릉 발굴 보고(1·2)』 『조선고고연구』 1·2, 1986.
- 末松保和, 「高麗開府考」, 『稻葉博士還曆記念滿鮮史論叢』, 1938.
- 『名賢簡牘』, 경남대학교박물관, 1999.
- 문화관광부·한국복식문화 2000년 조직위원회, 『우리 옷 이천년』, 2001.
- 심연옥, 『한국 직물 오천년』, 고대직물연구소, 2002.
- 연세대학교 박물관, 『고려 시대 질그릇』, 1991.
- 林鳳植, 『開城誌』, 開城誌編纂所, 1934(『한국지리풍속총서』 46, 경인문화사, 1989).
- 前間恭作, 「開京宮殿簿」, 『朝鮮學報』 26, 1963.
- 朝鮮地方行政學會, 『京畿地方의 名勝史蹟』, 1937.
- 한복문화학회, 『'99 한국 의상전』, 1999.

자 료 제 공 및 출 처

─ 글

야외전시_강응천 / 고려실_홍영의 / 특별전시실_송은석 / 가상체험실_최연식 / 특강실 1_이익주 / 특강실 2_홍영의 / 국제실_김영미 / 최종교열_강응천

─ 사진

8~13 운주사·신안 해저 유물선·손돌목_정주하 / 14~15 제주도와 말_한국관광공사 / 16~17 공민왕릉_『민족 21』 / 18~19 교동 향교_정주하 / 22 세계 제국을 향하여_『世界の歷史』 / 22~23 몽골 세계 제국과 고려_김경진 / 26 고려시대 강화도_김경진, 봉은사 석탑_홍영의 / 28 무인 석상_『민족 21』 / 32 옹장산성의 행궁터_지중근, 삼별초 문서_국립제주박물관 / 33 팔만대장경 경판_지중근, 마리산 참성단_손승현, 삼국유사_국립중앙박물관 / 34 총통·말지뢰·수류탄_『中國通史隊列』 / 35 운제·쇠뇌_『한국 무기 발달사』, 발석차·충차_지중근, 몽골군의 갑옷과 군화_『유목민 이야기』 / 34~35 『蒙古來襲繪詞』_日本宮內廳 三の丸尚藏館 through the courtesy of the International Society for Educational Information / 38 쿠빌라이_『世界の歷史』 / 39 동경_이태호 / 40 깨진 청자병_국립중앙박물관 / 41 몽골의 증류주_『몽골 유목 문화』, 소줏고리_안동소주전승관·정주하 / 42 지원통행보초_『華夏の道』, 금정·은정_원주 변씨 문중, 은병_화폐박물관, 청동 추_국립경주문화재연구소 / 44 패자_『世界の歷史』, 고려 시대 역참 지도_김경진 / 45 원의 대도에서 온 공문서_국립중앙박물관, 노걸대 판통_국립중앙박물관 / 46 공마봉진도·말테우리_국립제주박물관, 돌하르방_김성철 / 47 항파두성·법화사지 기와 보도와 청동 등잔·수정사지 출토 인왕상면·제주목 관아지와 우물터·몽고병·원당사지 5층 석탑_국립제주박물관 / 48~49 청백자 보살상·청자 장구·새 모양 벼루·묵편·백유 철화 파도꽃 무늬병·동전·주석정·나무로 만든빗과 보살상·주사위와 장기말·목패와 나무상자·씨앗들·맷돌_국립중앙박물관 / 52 하회 탈_국립중앙박물관 / 53 성균관 문묘_성균관대학교 박물관, 여막살이_세종대왕 기념사업회 / 54 삼성각_김영철, 산신도_윤열수, 경천사지 10층 석탑_국립중앙박물관 / 55 대방광불화엄경 보현행원정원본권 34권_호암박물관 / 56~58 도선·의천·지눌·무학_김성철, 보우_봉원사, 최치원_『한국 초상화 연구』, 안향·이제현_국립중앙박물관, 김부식·정도전_권오창 / 59 신륵사 대장각기_지중근, 사당 그림_성균관대학교 박물관 / 60 공민왕릉 벽화_『민족 21』, 석관_국립중앙박물관 / 61 고려의 침통_국립중앙박물관, 청자 약전_호림박물관, 상약국_국립중앙박물관 / 62 아미타여래도_일본 禪林寺, 아미타삼존도_호암미술관 / 63 아미타여래의 치마 무늬_禪林寺 / 64 지장보살도_일본 根津美術館 / 65 수월관음도_일본 大德寺 / 66 관경변상도_일본 西福寺 / 70 나한_일본 根津美術館, 슬픈 시녀들_일본 西福寺, 가마 타고 시집가네·미륵 세상에서 농사 짓기_일본 知恩院 / 71 고려인의 얼굴일까·음악이 흐르는 풍경_일본 西福寺, 지옥에서 돌아온 스님과 사자_일본 圓覺寺, 연꽃 속에 태어나는 사람_일본 西福寺, 고려의 관리_일본 西福寺, 아미타8대보살도_일본 鏡阿寺 / 72 변상도_호암미술관 / 74 화엄경 변상도_호암미술관, 이야기가 있는 그림_삼성출판박물관, 목판경 속의 산수_성암고서박물관 / 75 화엄경 변상도_해인사, 그림과 함께 보는 불경_성암고서박물관, 경갑과 다라니경_호암미술관, 절첩본_호림미술관, 권자본_호암미술관, 선장본_프랑스 국립도서관 / 83 서하의 대장경_THE TANGUT TRIPITAKA, 티베트 대장경_한빛문화재단, 거란 대장경_중국역사박물관 / 93 죽책_『한국의 종이 문화』, 갑골문_『고대 중국의 재발견』, 진흙판·파피루스와 필기구·이집트의 필경사들·양피지 필사본_『문자의 역사』, 파피루스와 양피지 책·흑연 연필_『책의 역사』(시공사), 두루마리 필사본_『옛 책』 / 94 봉니_『世界の歷史』 65, 화엄 석경·인장_청주고인쇄박물관 도록』, 인장을 닮은 불경·목판 음각본_『옛 책』, 탁본_『케임브리지 중국사』, 무구정광대다라니경_『국립청주박물관 도록』, 일본의 다색 목판화_『世界の歷史』 65 / 95 고려 금속 활자와 활판_『국립청주박물관』, 월인천강지곡_『청주고인쇄박물관』, 오륜행실도_『책의 역사(범우사)』, 심청전_『옛책』, 알파벳 활자와 인쇄기_『한국고활자특별전』, 42행 성서_『아름다운 지상의 책 한 권』, 브리태니커 백과사전_『책의 역사(범우사)』

─ 그림

24~25 강화도 천도_백남원 / 29 만적의 난_이수진 / 30~31 대 몽골 전투_백남원 / 36~37 시장_백남원 / 40 주점_김은정 / 43 불가사리_이수진 / 50~51 농경_김은정 / 78~83 가상체험실 일괄_이승민(특별 자문 : 정상운, 안준영) / 91 삽화_이은홍

─ 디자인

한국생활사박물관 개념도_김도희 / 아트워크_김경진

※ 한국 생활사박물관 편찬위원회는 이 책에 실린 모든 자료의 출처를 찾기 위해 최선을 다했습니다.
누락이나 착오가 있으면 다음 쇄를 찍을 때 꼭 수정하도록 하겠습니다.

한국생활사박물관 08 「고려생활관 2」

2003년 1월 29일 1판 1쇄
2022년 6월 30일 1판 10쇄

지은이 : 한국생활사박물관 편찬위원회
편집관리 : 인문팀

출력 : 블루엔 / 스캔 : 채희만
인쇄 : (주)삼성문화인쇄
제책 : 책다움
마케팅 : 이병규·양현범·이장열
홍보 : 조민희·강효원

펴낸이 : 강맑실
펴낸곳 : (주)사계절출판사
등록 : 제406-2003-034호
주소 : (우)10881 경기도 파주시 회동길 252
전화 : 031)955-8588, 8558
전송 : 마케팅부 031)955-8595 편집부 031)955-8596
홈페이지 : www.sakyejul.net 전자우편 : skj@sakyejul.com
블로그 : blog.naver.com/skjmail
페이스북 : facebook.com/sakyejul
트위터 : twitter.com/sakyejul

저작권자와 맺은 협약에 따라 인지를 생략합니다.

ISBN 978-89-7196-688-4
ISBN 978-89-7196-680-8 (세트)